拜德雅·人文丛书
学 术 委 员 会

○ ● ○

学术顾问

张一兵　南京大学

学术委员（按姓氏拼音顺序）

陈　越	陕西师范大学	姜宇辉	华东师范大学
蓝　江	南京大学	李科林	中国人民大学
李　洋	北京大学	刘悦笛	中国社会科学院
鲁明军	复旦大学	陆兴华	同济大学
王春辰	中央美术学院	王嘉军	华东师范大学
吴冠军	华东师范大学	吴　琼	中国人民大学
夏可君	中国人民大学	夏　莹	清华大学
杨北辰	北京电影学院	曾　军	上海大学
张　生	同济大学	朱国华	华东师范大学

工作室里的自画像

[意]吉奥乔·阿甘本(Giorgio Agamben) | 著

尉光吉 | 译

目　录

总　序 | 重拾拜德雅之学　/iii

工作室里的自画像　/1

译　注　/189

图片说明　/193

- 总 序 -

重拾拜德雅之学

1

中国古代,士之教育的主要内容是德与雅。《礼记》云:"乐正崇四术,立四教,顺先王《诗》《书》《礼》《乐》以造士。春秋教以《礼》《乐》,冬夏教以《诗》《书》。"这些便是针对士之潜在人选所开展的文化、政治教育的内容,其目的在于使之在品质、学识、洞见、政论上均能符合士的标准,以成为真正有德的博雅之士。

实际上,不仅是中国,古希腊也存在着类似的德雅兼蓄之学,即 paideia(παιδεία)。paideia 是古希腊城邦用于教化和培育城邦公民的教学内容,亦即古希腊学园中所传授的治理城邦的学问。古希腊的学园多招收贵族子弟,他们所维护的也是城邦贵族统治的秩序。在古希腊学园中,一般教授修辞学、语法学、音乐、诗歌、哲学,当然也会讲授今天被视为自然科学的某些学问,如算术和医学。不过在古希腊,这些学科之间的区分没有那么明显,更不会存在今天的文理之分。相反,这些在学园里被讲授的学问被统一称为 paideia。经过 paideia 之学的培育,这些贵族身份的公民会变得"καλὸς κἀγαθός"(雅而有德),这个古希腊词语形容理想的人的行为,而古希腊历史学家希罗多德(Ἡρόδοτος)常在他的《历史》中用这个词来描绘古典时代的英雄形象。

在古希腊,对 paideia 之学呼声最高的,莫过于智者学派的演说家和教育家伊索克拉底(Ἰσοκράτης),他大力主张对全体城邦公民开展 paideia 的教育。在伊索克拉底看来,paideia 已然不再是某个特权阶层让其后嗣垄断统治权力的教育,相反,真正的 paideia 教育在于给人们以心灵的启迪,开启人们的心智,与此同时,paideia 教育也让雅典人真正具有了人的美德。在伊索克拉底那里,paideia 赋予了雅典公民淳美的品德、高雅的性情,这正是雅典公民获得独一无二的人之美德的唯一途径。在这个意义上,paideia 之学,经过伊索克拉底的改造,成为一种让人成长的学问,让人从 paideia 之中寻找到属于人的德性和智慧。或许，这就是中世纪基督教教育中，及文艺复兴时期，paideia 被等同于人文学的原因。

2

在《词与物：人文科学考古学》最后，福柯提出了一个"人文科学"的问题。福柯认为，人文科学是一门关于人的科学，而这门科学，绝不是像某些生物学家和进化论者所认为的那样，从简单的生物学范畴来思考人的存在。相反，福柯认为，人是"这样一个生物，即他从他所完全属于的并且他的整个存在据以被贯穿的生命内部构成了他赖以生活的种种表象，并且在这些表象的基础上，他拥有了能去恰好表象生命这个奇特力量"[1]。尽管福柯这段话十分绕口，但他的意思是很明确的，人在这个世界上的存在是一个相当复杂的现象，它所涉及的是我们在这个世界上的方方面面，包括哲学、语言、诗歌等。这样，人文科学绝不是从某个孤立的角度（如

---

[1] 米歇尔·福柯，《词与物：人文科学考古学》，莫伟民译，上海：上海三联书店，2001年，第459–460页。

单独从哲学的角度,单独从文学的角度,单独从艺术的角度)去审视我们作为人在这个世界上的存在,相反,它有助于我们思考自己在面对这个世界的综合复杂性时的构成性存在。

其实早在福柯之前,德国古典学家魏尔纳·贾格尔(Werner Jaeger)就将paideia看成一个超越所有学科之上的人文学总体之学。正如贾格尔所说,"paideia,不仅仅是一个符号名称,更是代表着这个词所展现出来的历史主题。事实上,和其他非常广泛的概念一样,这个主题非常难以界定,它拒绝被限定在一个抽象的表达之下。唯有当我们阅读其历史,并跟随其脚步孜孜不倦地观察它如何实现自身,我们才能理解这个词的完整内容和含义。……我们很难避免用诸如文明、文化、传统、文学或教育之类的词来表达它。但这些词没有一个可以覆盖paideia这个词在古希腊时期的意义。上述那些词都只涉及paideia的某个侧面:除非把那些表达综合在一起,我们才能看到这个古希腊概念的范阈"[1]。贾格尔强调的正是后来福柯所主张的"人文科学"所涉及的内涵,也就是说,paideia代表着一种先于现代人文科学分科之前的总体性对人

1　Werner Jaeger, *Paideia: The Ideals of Greek Culture,* vol. 1, Oxford: Blackwell, 1946, p.i.

文科学的综合性探讨研究，它所涉及的，就是人之所以为人的诸多方面的总和，那些使人具有人之心智、人之德性、人之美感的全部领域的汇集。这也正是福柯所说的人文科学就是人的实证性（positivité）之所是，在这个意义上，福柯与贾格尔对 paideia 的界定是高度统一的，他们共同关心的是，究竟是什么，让我们在这个大地上具有了诸如此类的人的秉性，又是什么塑造了全体人类的秉性。paideia，一门综合性的人文科学，正如伊索克拉底所说的那样，一方面给予我们智慧的启迪；另一方面又赋予我们人之所以为人的生命形式。对这门科学的探索，必然同时涉及两个不同侧面：一方面是对经典的探索，寻求那些已经被确认为人的秉性的美德，在这个基础上，去探索人之所以为人的种种学问；另一方面，也更为重要的是，我们需要依循着福柯的足迹，在探索了我们在这个世界上的生命形式之后，最终还要对这种作为实质性的生命形式进行反思、批判和超越，即让我们的生命在其形式的极限处颤动。

这样，paideia 同时包括的两个侧面，也意味着人们对自己的生命和存在进行探索的两个方向：一方面它有着古典学的厚重，代表着人文科学悠久历史发展中形成的良好传统，孜孜不倦地寻找人生的真谛；另一方面，也代表着人文科学努力在生命的边缘处，寻找向着生命形式的外部空间拓展，以延伸我们内在生命的可能。

3

这就是我们出版这套丛书的初衷。不过，我们并没有将paideia一词直接翻译为常用译法"人文学"，因为这个"人文学"在中文语境中使用起来，会偏离这个词原本的特有含义，所以，我们将paideia音译为"拜德雅"。此译首先是在发音上十分近似于其古希腊词语，更重要的是，这门学问诞生之初，便是德雅兼蓄之学。和我们中国古代德雅之学强调"六艺"一样，古希腊的拜德雅之学也有相对固定的分目，或称为"八艺"，即体操、语法、修辞、音乐、数学、地理、自然史与哲学。这八门学科，体现出拜德雅之学从来就不是孤立地在某一个门类下的专门之学，而是统摄了古代的科学、哲学、艺术、语言学甚至体育等门类的综合性之学，其中既强调了亚里士多德所谓勇敢、节制、正义、智慧这四种美德

（ἀρετή），也追求诸如音乐之类的雅学。同时，在古希腊人看来，"雅而有德"是一个崇高的理想。我们的教育，我们的人文学，最终是要面向一个高雅而有德的品质，因而我们在音译中选用了"拜"这个字。这样，"拜德雅"既从音译上翻译了这个古希腊词语，也很好地从意译上表达了它的含义，避免了单纯叫作"人文学"所可能引生的不必要的歧义。本丛书的logo，由黑白八点构成，以玄为德，以白为雅，黑白双色正好体现德雅兼蓄之意。同时，这八个点既对应于拜德雅之学的"八艺"，也对应于柏拉图在《蒂迈欧篇》中谈到的正六面体（五种柏拉图体之一）的八个顶点。它既是智慧美德的象征，也体现了审美的典雅。

不过，对于今天的我们来说，更重要的是，跟随福柯的脚步，向着一种新型的人文科学，即一种新的拜德雅前进。在我们的系列中，既包括那些作为人类思想精华的**经典作品**，也包括那些试图冲破人文学既有之藩篱，去探寻我们生命形式的可能性的**前沿著作**。

既然是新人文科学，既然是新拜德雅之学，那么现代人文科学分科的体系在我们的系列中或许就显得不那么重要了。这个拜德雅系列，已经将历史学、艺术学、文学或诗学、哲学、政治学、法学，乃至社会学、经济学等多门学科涵括在内，其中的作品，或许就是各个学科共同的精神财富。对这样一些作品的译介，正是要达到这样一个目的：在一个大的人文学的背景下，在一个大的拜德雅之下，来自不同学科的我们，可以在同样的文字中，去呼吸这些伟大著作为我们带来的新鲜空气。

工作室里的自画像

Autoritratto nello studio

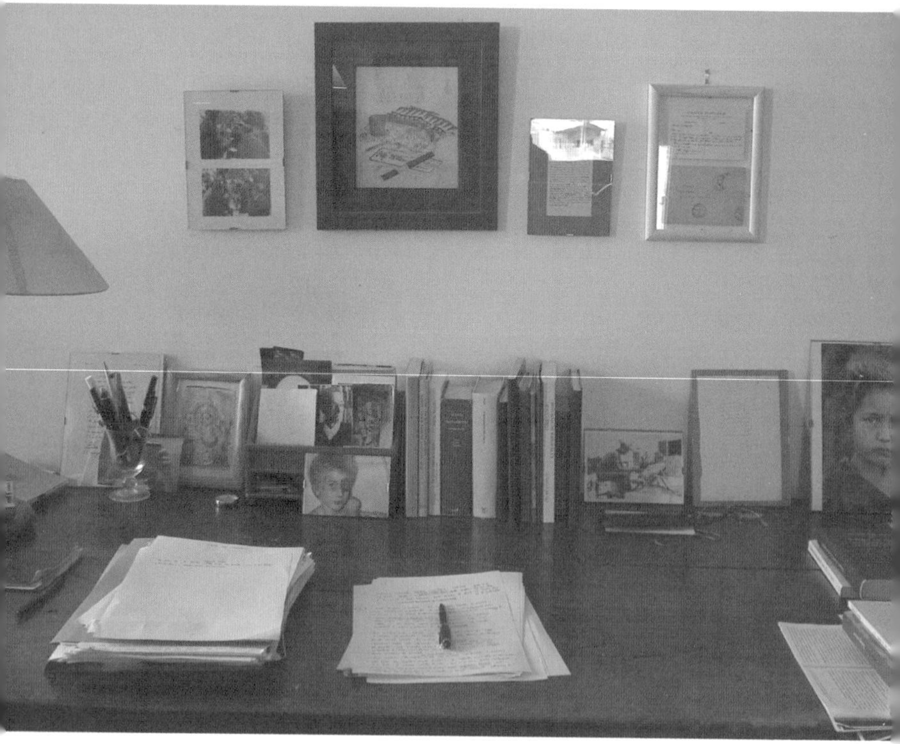

门　槛

画家的自画像——皮埃尔·博纳尔（Pierre Bonnard）和阿维格多·阿利卡（Avigdor Arikha）在画室里作画的自画像，如此热情而又冷酷，丁托列托和提香的自画像，画着其自身的灰烬——高更在马克萨斯群岛画的"骷髅地附近"（près du Golgotha）的自画像——他其实未上年纪，但显然他见过太多东西——甚至恐怖——他不想再看了——此刻你说不出双眼看见了什么，除非你让目光，毫不留情地，撤入一种沉醉——彻底地幻灭，迷茫。

在写作中，不可能抵达某种类似的东西，抵达一片如此清澈又极致的雾霭，抵达一阵如此难以平息的自我激动。

神秘之门准入，但不准出。终于我们知道我们迈过了这道门槛，而渐渐地，我们明白我们再也不能出去。不是因为神秘加剧，相反——我们只是知道我们再也出不去。

当一扇门不再是一扇门。

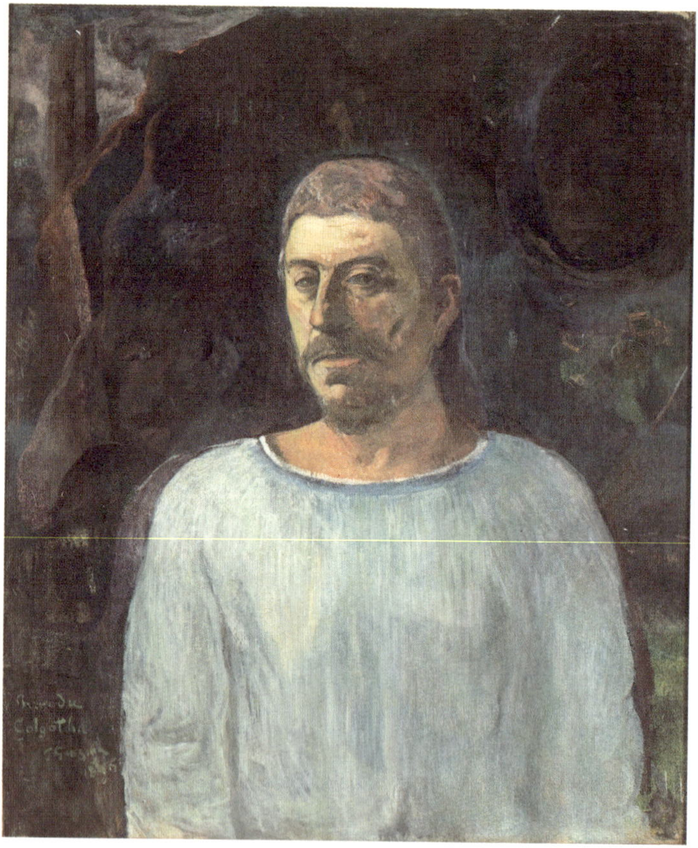

如同完美：无可指摘。

人变得如此清醒以至于发狂。

把其习语变成经文并持续祷告。

据说老人只有一根乐弦可弹。那或许是根走调之弦，奏着斯特凡诺所谓的"狼之音符"。但这独一无二的走调之弦发出了比青春的完好乐器更洪亮也更深沉的回响。

在迷途中归家。唯有一件事可以确定，我们再也不知我们究竟在哪儿。或不如说：我们感觉到我们在一个点上，我们就是那个点，那个**哪儿**——但我们再也没法把它定位于空间或时间。我们占据过的所有位置，我们经历过的所有时刻，纷纷围住我们，要求进来——我们看着它们，逐一回想——从哪儿？**哪儿**在所有地方又不在任何地方。**亲密地**陌异于自己——不再有故乡，也不再有祖国。我们拥有的——住所、衣着、记忆——太多，我们再也不能拥有。

此刻，不可企及之物是多么触手可得！

一只螃蟹用它的双钳举着一只蝴蝶。

"天空裂响,因为天上每一毫厘的地方都被一位天使占据。"虽然我们的能力好像退化并减弱了,但我们的想象过度地膨胀,占据了一切可能的空间。想象不再是某种有别于现实的东西,相反,现实破碎成了影像,而想象只是对影像的收集。欲望得到了如此彻底的想象,以至于再也没法满足。

惊异:希望仍然完好,即便它明知不会如愿,唯有不能如愿的才是真实的。

此刻你隐约觉得你能听见生命的主旋律了,就像出自一份乐谱。决定性的相遇、友谊、爱情是在生存的秘密对位法中演奏并呼应的短句和动机,只不过没有谱表将其记录。哪怕位于遥远的过去,生命的主旋律也必定不完整,如同一段等着继续重奏的曲调或赋格。试着聆听吧——在黑暗中。仅此而已。

如同你在暮光中注视某物。与其说光变得模糊,不如说你知道你不会完成观看,因为光正在减弱。就这样,此刻,人与物浮现:被永远冻结于完成观看的不可能性。

在某种秋收的视角下（sub quadam caducitatis specie）[1]。唯有这才是永恒。

我们是时候觉得自己再也不能也不想拥有什么了。我们只想摆脱，腾出位置——但正因如此，为时已晚。

Tardus 意为"缓慢"。但有一种特别的迅疾，意识到为时太晚的迅疾。

Praesto 意为"近，触手可及"。那么，"晚"是我们的手无论如何够不到的东西吗？

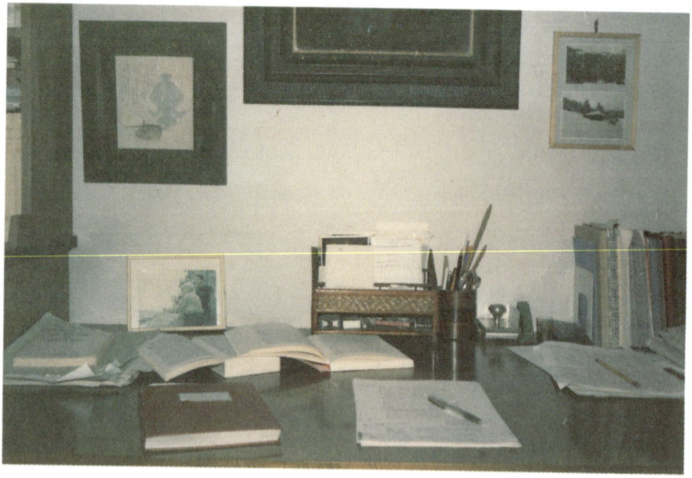

与一种诗意的实践保持联系的生命形式,不论是什么,总在工作室里,总在他的工作室里。

(他的——但这个地方,这一实践,又在何种程度上属于他呢?难道不是反过来吗——他受制于他的工作室?)

凌乱的纸堆,摊开或摞叠的书本,随意摆放的铅笔、颜料,挂在墙上的画作:工作室保留着创造的分秒,记录着从潜能到实现、从书写之手到成文之纸、从调色板到画作的艰辛过程的痕迹。工作室是潜能的图像——对作家来说,是写作的潜能,对画家或雕塑家来说,则是画画或雕刻的潜能。那么,试着描绘其自身的工作室就意味着描绘其自身之潜能的模式和形式——一项,至少初看起来,不可能的任务。

人如何拥有一种潜能?人并不能拥有一种潜能,只能栖居其中。

栖居（habito）是拥有（habeo）的反复动词：栖居是一种特殊的拥有模式，一种强烈得让人不再占有任何东西的拥有。由于拥有某个东西，我们栖居其中，成为它的所属。

工作室里的物品保持原样，在一张又一张隔着遥远的年代，拍摄于不同城市和地点的照片里，它们好像原封未动。工作室是其栖居的形式——它怎能发生变化？

在罗马还有威尼斯的工作室，书桌中间靠墙放着一个柳编的卡片筐，里边左侧有一份纪念让·波弗雷（Jean Beaufret）诞辰七十周年的宴会请帖，正面印着西蒙娜·薇依（Simone Weil）的话："一个有某些新奇之事要讲述的人首先会被那些爱他的人所倾听。"[2] 请帖的落款日期为1977年5月22日。从那时起，它就一直待在我的书桌上。

只有爱某个东西,你才能认识它——或者,就像艾尔莎·莫兰特(Elsa Morante)所说,"唯爱者识之"³。在印欧语系里,表示"认识"的词根与表示"诞生"的词根同名。认识意味着一同诞生,由已知之物催生或再生。而这,唯有这,意味着爱。不过,这样一份爱很难在那些自以为知的人身上找到。情况往往恰好相反——某个致力于研究一位作者或一个对象的人最终对其怀有一种优越感,几乎是一种轻蔑。因此,从动词"认识"中剔除一切纯知的意图是件好事(拉丁语的"知",cognitio,原为司法术语,意指一位法官的调查程序)。就我而言,我觉得,人若体会不到一次心跳,就拿不起一本所爱的书;同样,若不在一个造物或对象里与之一起重获新生,就没法真正认识它们。

与海德格尔的合照,摆在罗马百合巷工作室的左侧,是1966年勒托尔第一次研讨班期间到沃克吕兹乡间漫步时拍摄的。过了半个世纪,我还一直忘不了沐浴在九月阳光下的普罗旺斯风景,明净的石房,陡峭的坡道,广阔的旺图山背,还有盘踞于峭壁之上的萨德(Sade)的拉科斯特城堡的废墟。夜晚的天穹是如此狂热、星罗棋布,就连银河的湿润薄纱都

想给它退烧了。在那里,或许我第一次想把我的心藏起来——它应还在那里,一如既往地完好、青涩,哪怕我再也说不出在哪——藏在索芒的一块石头下,藏在勒邦凯的一间木屋里,或藏在海德格尔的研讨班每天上午开讲的那座小旅馆的花园里。

在普罗旺斯与海德格尔相遇对我来说意味着什么?无疑,我没法把它和它发生的地点分开——他的面容柔和又严厉,他的目光如此鲜活又坚定,除了梦中,我不曾在别处见过。生命里的一些事件和相遇具有如此的决定性，以至于它们无法彻底进入现实。它们当然发生了，并指示着道路——但它们绝没有，可以说，完成发生。在这个意义上，它们是持续的相遇，就像神学家说上帝从不停止世界的创造，存在着一种世界的持续创造。它们不停地陪伴着我们直到尽头。它们属于生命中仍未完成的部分，超越生命的部分。而超越生命的部分就是生命所剩的部分。

在沃克吕兹的一次游览途中，我们参观了图松的一座破败的教堂，我记得一扇窗户的过梁内部雕着清洁派的鸽子，如此一来，只有朝与习惯相反的方向望去，才能看见它。

1966年9月的照片上，这伙一起朝图松进发的人，如今怎样了？每个人都以其自身的方式打算或多或少有意识地对其生命做点什么——右边的两个背影是勒内·夏尔（René Char）和海德格尔，后面的两个背影是我和多米尼克——他们如今怎样了，我们怎样了？有两人早已辞世，还有两人，据说，上了年纪（朝哪？）。在此重要的不是作品，而是生命。因为在那个洒着阳光的傍晚时分（影子已长），他们都活着，

并感到自己活着,他们沉浸于各自的思想,也就是,沉浸于其已隐约瞥见的那份财富。那份财富如今怎样了?当时思想和生命还未在里头分开,而皮肤感受到的阳光和言语投向精神的影子也在里头如此幸福地融为一体。

梵文"समर"既指爱,也指记忆。你爱某个人是因为你记得他/她,反之亦然,你记得某个人是因为你爱他/她。我们通过铭记来爱,我们也通过爱来铭记,最终,我们爱上了记忆——也就是爱本身——并记住了爱——也就是记忆本身。所以,爱意味着忘不了,意味着心头抹不掉一张面孔、一个姿势、一道光芒。但爱也意味着,我们其实再也拥有不了一段它的记忆，因为爱超越了记忆，不可追忆地、即刻地到场。

何塞·贝尔加明（José Bergamín），在马德里的一次会面期间，把我介绍给了拉蒙·加亚（Ramón Gaya），后者慷慨地把他在百合巷的工作室借给了我，从 1978 年算起，我已在那儿写作并居住了大约十年。我的第二间工作室是一位画家的画室——同样，第一间工作室，位于科佩勒广场，是一位作家的书房——而我让一个画架连同它上面一幅刚刚开

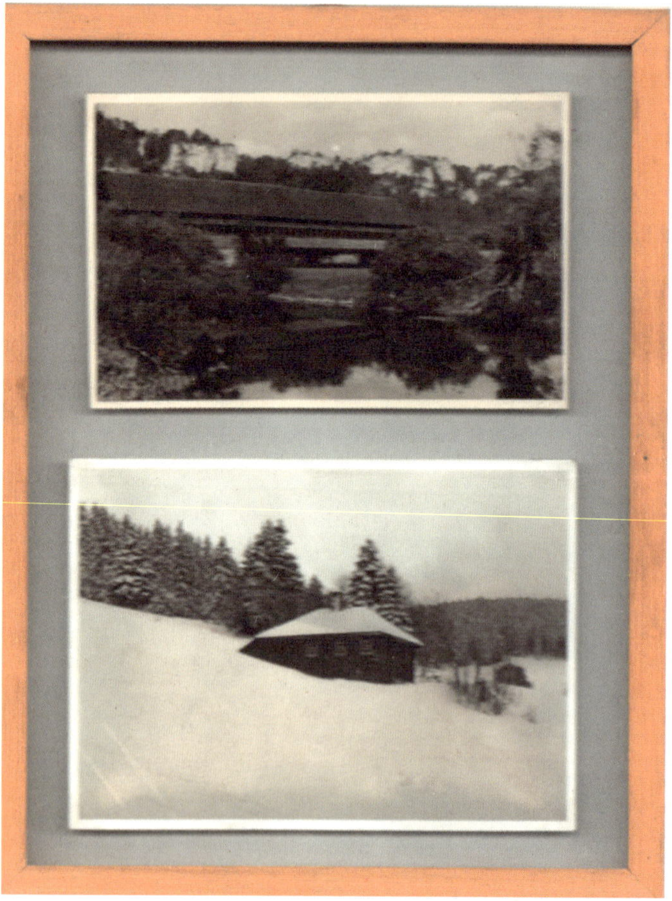

始的画在那儿保持着我发现时的原样,这当然和我对绘画的喜爱有关,就好像我们心照不宣地达成了一份托管协议。为了他所以为的一次西班牙短期旅程,拉蒙曾告别他的画室两年,我还记得,那时他用怎样淳朴的语气告诉我,我可以随意用他的画室。后来我得知,他在内战时失去了一切:他的房子,他的画作,他的妻子——她在巴塞罗那火车站准备和拉蒙会合时,死于法西斯的轰炸——还有他等了十五年才重新见到的女儿——她被两个英国人奇迹般地从母亲怀中抱走了。

在百合巷工作室的墙壁右侧,挂着海德格尔寄给我的两张明信片,一张附有托特瑙山的"木屋"(Hütte)照片,另一张附有多瑙河上游的风景。"图像,"哲学家的手用清晰的笔迹写道,"展示了离我故乡不远的多瑙河上游谷地。荷尔德林曾在前往瑞士的途中穿过那里。"信封上,我近乎惊讶地读到了我第一间工作室的地址,科佩勒广场48号。这两张明信片也出现在威尼斯的工作室里,不过是在另一面墙上。书桌上方,取代它们的是弗朗索瓦·费迪耶(François Fédier)在1968年研讨班期间拍摄的两张照片。其中一张照

片里，海德格尔似乎正跟我和让·波弗雷热烈地讨论着什么，我记不得内容了。

另一张图片曾在一份法语周刊上发表，题为"海德格尔与勒内·夏尔在几位球手中间"。在勒托尔的这块小广场上，海德格尔兴致勃勃地观察农民们玩他们的滚球游戏，但照片所拍摄的人里，只有两位球手；其他人则是1966年研讨班的成员：我，波弗雷，弗朗索瓦·维赞（François Vezin），以及，看不太清楚的多米尼克·弗尔卡德（Dominique

Meßkirch, 28. Oktober 1966.

Lieber Herr Agamben,

ich danke Ihnen herzlich für
das großartige Geschenk der van
Gogh-Briefe zu meinem Geburtstag.
Ich weiß dieses Geschenk der jungen
Freunde aus dem Heraklit-Seminar in
der Provence sehr wohl zu schätzen.
Ich hoffe, dass es uns allen vergönnt
sein wird, im kommenden Jahr das
Begonnene auf eine fruchtbare Weise
fortzusetzen.
Mit herzlichen Grüßen für Sie u. die Freunde
Ihr
Martin Heidegger

Das Bild zeigt den Tod der oberen
Donau in der Nähe meines Heimat.
Hölderlin hat es dort wandernd auf
seinem Weg nach den Ahnen.

Fourcade），他是夏尔所提拔的年轻诗人，正是他向我告知了研讨班的信息。（相反，我持有的另一张照片十分清楚地拍到了球手们。）

当时——正如另一位诗人写的——我单脚站立，被困在一个用粉笔画的圈子里，急切地想要逃离，跳到外头。经由记忆，我像是回到了那个圈中，只不过如今它让我难以置信地感到幸福。

（年轻时，手并不知道它在寻求什么——它或许知道它拒绝什么，但它所拒绝的，勾勒了它所寻求之物的镂空的形式，将它不知怎地引向未经发觉的财富。）

除了图松的相片,我没有别的普罗旺斯风景照,当时观光的热潮还没有席卷那里。在一张寄给乔瓦尼·乌尔巴尼(Giovanni Urbani)的明信片上就有这么一幅照片,我有心给他一个惊喜,请海德格尔在上面签了名。明信片展示了当时风景中散落的垒石堆砌的房子原貌,而部分房子一直有农民在使用。

所以乔瓦尼已在我的生命里出现了。我认识他时,才二十二岁,而他,如果我没记错的话,即将年满四十。遥远,近乎史前，那个时期的罗马，如此温柔、迟疑又贫乏，将今日的我带回到一段记忆，这段记忆像被两个世界所割裂，而每个世界都被一种无可抗拒的附庸风雅支配着。我在威尔科克（Wilcock）的引领下进入第一个世界，它以艾尔莎·莫兰特为中心，其成员，除几个与我同龄的人外，根据行事风格和参与程度的不同，还包括皮埃尔·保罗·帕索里尼（Pier Paolo Pasolini）、桑德罗·佩纳（Sandro Penna）、塞萨尔·加博利（Cesare Garboli）、娜塔莉亚·金兹堡（Natalia Ginzburg）。第二个世界在社会意义上要更世俗，阿尔贝托·阿尔巴西诺（Alberto Arbasino）、恩佐·费拉亚诺（Ennio Flaiano）、吉奥乔·巴萨尼（Giorgio Bassani）和弗朗西斯科·罗西（Francesco Rosi）在里头如鱼得水，另外还有数目不定的女子，美艳惊人又难以接近，属于罗马贵族和"上流社会"。两个圈子并不经常来往，甚至相互排挤，但存在第三个团体，围绕阿尔贝托·莫拉维亚（Alberto Moravia）聚集起来的团体，其成员也有机会被另两个团体接纳。正是在第二个圈子里——回过头来看，我对它最不熟悉——有一晚，我偶然地遇见了乔瓦尼。他优雅的风度，如苦行僧一般传奇，而他的傲慢，奇怪地以一种不可化简的陌异音调为标志，毫不费力地诱惑了我。尽管他世俗气逼人,但我很快就明白,他那份傲慢并不属于斯万(Swann),而是,就像他后来亲自让我获知的,属于吉姆老爷(Lord Jim)[4],也就是说,这个人的生命已因他从未真正犯下的一个过错而永远地陷入了阴影。

不管怎样,海德格尔成了"我们"的专属作者:我在那之前几年开始阅读海德格尔,而对乔瓦尼来说,海德格尔是汇聚了他对艺术之反思的灭点。这样一件秘传的法宝,在当时的罗马文化里,没有别的人能够分享。

当我回想乔瓦尼生命的最后时光,我再次看见了那悲伤的面纱,似乎遮暗了他的面庞:那时他已从中央修复研究所离职,此后又与琪琪(Kiki)分开,他像是活在梦里,孑然一身。

当然我不知能为他做些什么,但我并未试图追问那面纱背后隐藏的形象。我不认为,如果我那么做了,他就能接受。他曾把生命奥秘的缺席传授予我,此刻却像是给自己套上了一个不可告人的秘密。不过,尽管他越行越远,把自己封闭于无瑕的西服和深不可测的内心,我仍相信——或不如说,我仍在某个地方确切地知道,如同康拉德式的另一自我,他直到最后,仍是"我们中的一员",或许他认为自己不可原谅,但于我而言,他无与伦比地忠实于他的每一个姿势,每一个言词。

许多年后,1985年,我回到勒托尔并找到了我们在研讨班期间入住的旅馆(它叫作"莎斯拉",取名自当地的一种葡萄,用它能酿出极为芳香的酒)。我看着它,一时之间,我不敢相信自己的眼睛:它一点也没变,仿佛我刚离开,仿佛周围的一切都已翻新,跟上了新的潮流和新的需求,而时间却在这个位置上停滞。片刻后,我明白了缘由:旅馆处于彻底的荒废状态,入口的门已碎裂,而通往它的双旋梯断成了几截,我们举办研讨班的花园则杂草丛生。

时代错乱的印象是如此强烈,以至于我觉得荒废并非意外，似乎"莎斯拉"这么多年来一直等着我，仿佛在这般的残破和这般的荒废里，映照着我当时的不成熟以及我对那场已经发生的相遇保持忠诚的无力。因为就感觉和风景而言，邂逅带来了无以度量的欢乐，但就研讨班而言，则有某种东西不尽如人意或悬而未决。当然，我热忱地阅读海德格尔，他的思想是我和乔瓦尼谈话的中心。但为了让一场相遇发生，光有精神并不够，还得有心，而那时候，我的心在别处，犹豫不决，摇摆不定。心神的合一要到——我记得很清楚——

1976年5月才突然完成，那正是海德格尔的死讯传到我耳中的时刻。我觉得，我已把顾虑和犹豫明确地抛在身后，而我全新的确信表现为两个姿态：我把刚写完的书（《诗节》[*Stanze*]）题献给马丁·海德格尔以示纪念，并为朋友们刊印了五十本《散文》（*Prose*）的样书——这是一种以我从未抛弃的诗歌实践之名向诗歌告别的方式：哲学，"无上的音乐"。

在勒托尔的第二次研讨班期间，我跟海德格尔谈起了汉娜·阿伦特，当时我已开始热忱地阅读她，并且，与多米尼克·弗尔卡德一起，我们向海德格尔要来了阿伦特在纽约的住址。但直到两年后，我才有勇气给她写信，并在信中附上我刚发表于《新论点》（*Nuovi Argomenti*）的论文《论暴力的界限》（Sui limiti della violenza）。暴力合法性的问题是当时意大利的热门话题，但在我有幸与之讨论的那些运动领袖当中，汉娜·阿伦特被视为一名离经叛道的作者，因为她在其代表作里，对那些重要的议题，作了出人意料的讨论。就这样，一种本能够给运动带来更幸福走向的政治观念，反而从中被排除了。如果，诚如本雅明所写，每一本书都包含一份历史的索引，标记着它该被阅读的时刻，那么许多年后，当同一批领袖决心去读它时，为时已经太晚：其可读性的时辰早已逝去。

如今在我看来——或许当时我便已发觉——我简短的论文并不充分，不过，汉娜·阿伦特慷慨地在她为《论暴力》（*Sulla violenza*）一书的德文版补充的一条注释里提及了它。近来，玛丽·麦卡锡（Mary McCarthy）和尼古拉·乔洛蒙蒂（Nicola Chiaromonte）通信集的编辑告知我，阿伦特曾把这篇论文给其好友玛丽阅读，而玛丽在一封致乔洛蒙蒂的信里说起此事，并询问了作者的信息（"最近我去提契诺拜访阿伦特时，她给我读了吉奥乔·阿甘本写给她的一些东西。这人是谁？"）。我再次觉得，一条神秘的纽带把一些人物联系在一起，他们以不同的方式，对我显得亲切。事实上，正是乔瓦尼·乌尔巴尼把我介绍给了乔洛蒙蒂，当时乔洛蒙蒂是《现在时》（*Tempo presente*）杂志的主编，而1966—1967年，我最早的论文就发表在那一杂志上。乔洛蒙蒂曾在西班牙与法西斯分子作斗争，像他这样的意大利知识分子寥寥无几，因为他严肃地反思了人与历史事件的关系，反思了他所信仰之物与他所遭遇之事的关系。1971年，他出版了《信与不信》（*Credere e non credere*）一书，对我们时代的历史信

仰问题进行审问。《背信时代》（Il tempo della malafede）一文的开场白令我印象尤为深刻，我想它丝毫没有失去其真理的力量："我们的时代既不是信仰的时代，也不是无信的时代，而是一个背信的时代，也就是说，它被强行维持信仰，反对别的信仰，且首先，缺乏真诚的信仰。"

乔洛蒙蒂的笔记里有一页包含了对生命之所剩的非凡沉

思。在他看来，本质的问题不是一个人拥有什么或不拥有什么——真正的问题不如说是"还剩什么？"："如人所能地，也就是，根据一种至今无法破解其法则，却能在其发生的同时予以经历的必然性，也就是，出于偶然，日复一日、年复一年度过的生活，剩下了什么？"回答是，剩下了，如果有剩下的，"人之所是，人曾经之所是：对'美'的记忆，就像普罗提诺会说的，以及让此记忆保持鲜活的能力。剩下了爱，如果人认得爱，剩下了对高尚行为的热情，对在生命碎屑里留痕的高贵和价值的热情。剩下了，如果有剩下的，让善保持为善、让恶保持为恶、绝对不变的能力。剩下了曾经之所是，值得继续和延续的东西，是者（ciò che *sta*）"。

该回答是如此地清楚而无保留，以至于这篇简要沉思的结论之词在不经意间溜走："我们，这个我们绝对无法从中摆脱，也绝对无法加以弃绝的自我，一无所剩。"但我认为，只有最后这几个谦卑的词赋予了之前的回答一种意义。善——即便乔洛蒙蒂坚持它的"存在"和它的"持续"——并非一个和我们对它的见证毫无关系的实体——它不如说就是"我们一无所剩"，且唯有它确保了某种善的东西剩下来。某种意义上，善无法与我们在其中的消除分开，它只活在那将我们的消失铭刻于其中的封印和花纹上。所以，人既无法从自身中摆脱，也无法将之弃绝。"我"是谁，"我们"是谁？只是这个消失，只是某个更大之物内部的这一屏息，而那更大之物就从我们的止息中获取生命和灵气。没有什么比这沉默的消散更滔滔不绝、无与伦比、独一无二，也没有什么比这消失的历险更动人心弦。

每个生命总在两个平面上运行：一个似乎由必然性统治，就像乔洛蒙蒂写的，仿佛人破解不了它的法则，而另一个则被交给偶然和意外。设想两者之间存在一种秘密的、魔神的和谐（这是我绝对无法从歌德那里接受的一个虚伪的主张）纯属徒劳，不过，在我们能够不加厌弃地打量自己的地方，两个平面，即便没有交流，也不再彼此排斥或对立，而是表现出一种安然的、相互的好客。正是出于这个原因，我们生命的精细织布才能从我们手中几乎不经意地滑走，而构成它的事实和事件——也就是过错——则吸引了我们全部的注意和我们全部徒劳的操心。

在生命中陪伴我们的东西也滋养着我们。滋养并不单纯地意味着使某物成长：它首先意味着允许某物抵达其自然地趋向的状态。滋养我们的相遇、阅读和地点帮助我们抵达那一状态。然而，我们身上有某种东西抗拒这样的成熟，就在成熟看似临近之时，它顽固地停下了脚步，并转身走向不成熟。

关于维吉尔——他被民间传统变成了巫师——有一个中世纪的传说：当他意识到自己变老了时，他便动用他的才能来恢复青春。他给一位忠实的仆人下了必要的指令，然后把自己大卸八块，撒上盐，放到一口大锅里煮，并下令，任何人不得在时辰未到之前往锅里看。但仆人——或根据另一版本的说法，皇帝——过早地掀开了锅。"于是，"传说记载，"人们看到一个全身赤裸的小孩围着那口装有维吉尔肉体的大缸绕了三圈，然后就蒸发了，而诗人，什么都没剩下。"克尔凯郭尔在《非此即彼》（*Diapsalmata*）里以他的方式提及这个传说，并苦涩地评论道："看来我也过早地向锅里看了，过早地向生命和历史发展的锅里看，并且，看来我除了继续是一个小孩子之外，再也达不到更多了。"[5]

成熟就是让自己被生命所炖煮，就是让自己——像一颗果实一样——不挑地点地掉落。保持为孩童，就是想要掀开锅盖，立刻目睹那不该被目睹的东西。但对那些不假思索地推开禁忌之门的童话人物，我们又怎会不心生同情？

艾蒂·海勒申（Etty Hillesum）在她的日记里写到，一个灵魂可以永远是十二岁。这意味着，我们的年龄随时间而变化，但灵魂拥有一个专属的年龄，它从出生到死亡都保持不变。我并不确知我灵魂的年龄，但它应该不大，无论如何不会超过九岁，判断的依据就是，我在那一年纪的回忆里有过认出它的印象，故而那些回忆依旧如此地鲜活有力。每一年，我的实际年龄和灵魂年龄之间的差距都在变大，而这样的差距感就构成了我亲历我生命的方式，构成了生命的巨大失衡，正如构成了生命不稳定的平衡。

在百合巷工作室左侧，书架的中层隔板上放有一张赫尔曼·麦尔维尔（Herman Melville）的照片，可见当时这个人物对我格外重要。

我曾多次想过，在何种程度上，将麦尔维尔仅仅纳入小说家之列是不够的。作为小说，《白鲸》（*Moby Dick*）明显

是部失败的作品,而只有批评家的惰性才能解释人们为何固执地将其归在某一文学类别之下。事实上,这部小说堪称"神学大全"(Summa theologica),它是19世纪所能达到的对上帝的最非凡的反思,可与"宗教大法官"或伊万·卡拉马佐夫(Ivan Karamazov)[6]对魔鬼的描述相提并论(显然,不管怎样,麦尔维尔和陀思妥耶夫斯基都是这个在神学方面如此贫乏的世纪所造就的最伟大的神学家)。

只有熟悉卡巴拉的《希乌科玛》(*Shi'ur Qomah*),熟悉其对上帝面容的描述和详尽测量("造物者身高为236 000帕勒桑,1帕勒桑等于3公里,而1公里有10 000臂长[……]面部的表情就像颊骨的神态"),才能理解该书第74–77章对鲸鱼正脸的巨细无遗的癫狂描写,还有对鲸类体长及其神圣躯体的每一部位的如此固执的测量。根据格肖姆·肖勒姆(Gershom Scholem)的说法,《希乌科玛》(字面意思为"身体测量")应发源于拉比希伯来主义的边缘处,也就是和诺斯替传统有联系的异端神秘主义团体。不管怎样,这些神秘主义者,因其神秘主义者的身份,赋予了自身一项不可能的任务,那就是度量不可度量者,并想象不可见者的容貌。

对于麦尔维尔的神学,我们可以说同样的话。他有意做出的异端选择就表现在幻视叙述者和见证者的名字上:以实玛利(Ismaele,在希伯来语中意为"上帝听见"),它涉及《创世纪》中一个身份极为特别的人物。以实玛利是亚伯拉罕和使女夏甲所生的第一个儿子；被亚伯拉罕行割礼之后，他被剥夺了继承权，甚至和母亲一起被驱赶到荒漠里。《创世记》的拉比评述强调了以实玛利的边缘性，将其毫无缘由地比作异邦人，甚至比作圣殿的毁灭者。麦尔维尔就是把这个被排斥者——还有亚哈（Achab），他在《列王纪》里背弃以色列的神，转而崇拜巴力，却在危难时刻想起耶和华——变成了其"鲸类大全"（Summa cetacea）的人类主角。

麦尔维尔的神学无疑是泛神论的，甚至是斯宾诺莎式的（斯宾诺莎，还有柏拉图的名字，在书中多次出现）。莫比·迪克不是神性的一个象征：在斯宾诺莎的意义上，它就是神，因为实体即其样态——神或自然（Deus sive natura）。在关于上帝的无限的有限样态中，麦尔维尔选择了最庞大也最非凡的一个：白鲸（"这条令人叹为观止的白鲸这样神妙的游态，决不是育芙，决不是那个伟大尊严的神所能望其项背"[7]）。以亚哈的诺斯替主义眼光来看（他是琐罗亚斯德二元论信徒的事实，通过其神秘的另一自我，那个总被称为"袄教徒"的费达拉[Fedallah]，得到了清楚的表述），莫比·迪克并非神的密码，而是神身上的恶，并且，正是由于这一过错，他不得不灭亡，而泛神论的以实玛利则活得比他更久。

（在百合巷工作室的照片被拍摄的那个时期，我不停地拿来与自己较量的麦尔维尔角色不是全能的白鲸，而是虚弱又疲惫的抄写员巴特比 [Bartleby]。不过，这个从事法律和抄写的人物构成的寓言在神学意味上并不输于《白鲸》。）

百合巷工作室的书桌左侧放着一本标题可见的书：居伊·德波（Guy Debord）的《景观社会》（*La société du spectacle*）。我不记得我当时出于什么原因重读这本书了——我第一次阅读可追溯至1967年，也就是它面世的那一年。后来，在1968年末，我同居伊成为朋友。我记得我同居伊和艾丽丝（Alice）在卢滕西亚酒吧的初次相遇，我们的谈话迅速升温，并在政治形势的每一方面达成如此称心的一致。我们获得了同样的明见，居伊是从艺术先锋派的传统出发，而我则是从诗歌和哲学出发。我第一次觉得自己在谈论政治时不必挤到一堆无用且虚伪的观念和作者中凑热闹（在居伊后来写给我的一封信里，一位举止轻率的狂热作者就被克制地摒弃为"可怜的阿尔都塞疯子"……），也不必偏执地排斥那些人，他们能把所谓的运动引到不那么糟糕的方向上去。不管怎样，在我俩看来，阻止人们进入一种新政治的首要障碍恰恰是传统和运动所剩的东西，是不知不觉间与它自以为在反对的敌人达成的共谋。

后来我们在他位于巴克街的房子里会面，而他用来分析资本主义及其两大影子，"集中的景观"和"弥散的景观"的无比精妙的手法——堪比麦秆街[8]的老学究或17世纪的神学家———一直令我惊叹不已。

然而，真正的难题在别处——在离得更近，同时，也更难看透之处。在他早期的一部影片里，居伊已然提及"私人生命的秘密性，对此，我们只拥有一些少得可怜的档案"[9]。对于这如此私人的秘密性，居伊，就像整个西方政治传统一样，无法将其克服。不过，为其团体提供名字的表述"被建构的情境"意味着，我们有可能找到某种类似于"真正的生命在地理意义上的'西北通道'"[10]的东西。如果，在他的书和他的影片里，居伊如此固执地回到他的传记上，回到朋友们的面孔和他居住的地点上，那么，这是因为，他模糊地预感到，正是在这个地方，隐藏着政治的奥秘，而一切传记和一切革命都只能在上面触礁。在私人生命的秘密性里，有着本真的政治元素，可如果我们试图将其抓住，它就只给我们留下不可交流的东西，令人生厌的日常性。我在同一时期开始追问的东西，就是这秘密生命的政治意义——亚里士多德已用 zoé 之名，将其排除到城邦之外，同时又将其包含于城邦之内。通过另一种方式，我也在寻找真正的生命在地理意义上的西北通道。

居伊对他的同时代人没有任何敬意，也不抱任何期待。在他看来，政治主体的问题，就像他有天告诉我的，从此被简化为"人或地窖"的二者择一（为了向我解释我不了解的这句黑话的意义，他让我参阅他觉得不错的西莫南 [Simonin] 的小说《地窖在反抗》[*Le cave se rebiffe*]）。我不知道他会如何看待"任何一个个别性"（singolarità qualunque）[11]：许多年后，"提昆"（Tiqqun）团体会以"布卢姆"（Bloom）之名[12]，将其变为未来政治的可能主体。不管怎样，当我数年后认识两位朱利安——朱利安·顾巴（Julien Coupat）和朱利安·布达尔（Julien Boudart）——认识福尔维娅（Fulvia）和若埃尔（Joël）时，我仍无法想象这样一种亲近，而那同时也是一段把他们和居伊分开的更大的距离。

在朱利安·顾巴及其青年同志们的阅读中，《光明篇》（*Zohar*）的作者和皮埃尔·克拉斯特（Pierre Clastres）、马克思和雅各布·弗兰克（Jacob Frank）、德马蒂诺（De Martino）和勒内·盖农（René Guénon）、瓦尔特·本雅明和海德格尔，都结伴而行；居伊则不同，他是个读得很少但坚持在读的人（在读完我的《关于〈景观社会评论〉的旁注》[Glosse in margine ai *Commentari sulla società dello spettacolo*]后，他给我写了一封信，提到我在文中引用的一些作者，并称他们是"被我十分遗憾地忽视了的几个异国人士[……]我压根没想去读的四五个法国人"）。虽然德波对其同伴不抱任何希望——而如果他对别人感到绝望，那么他也对自己感到绝望——但提昆——尽管带着一切可能的疑虑——已把赌注押在了20世纪的普通人，也就是他们所谓的布卢姆身上：正因为他失去了一切身份和一切归属，布卢姆才能够做到一切，无论好坏。

在圣安波罗修街18号的"本地"酒吧——这家酒吧保持着原样，它的招牌"武弗雷白葡萄酒"还在不经意间吸引着几个

路人的目光——以及穆浮达路的"高脚杯"酒吧，我们有过的漫长讨论仍活在我的记忆里，就像十年前，在托斯卡纳的蒙泰基亚罗内小屋中进行的讨论曾让夜晚永驻。

1978—1981年，因为这随心所欲的人物的一次深不可测的心血来潮，我们和吉内芙拉（Ginevra）一起租下了锡耶纳乡间的一栋小屋，在那里，我们和佩佩（Peppe）、马西莫（Massimo）、安东内拉（Antonella），还有后来加入的鲁杰罗（Ruggero）和马里耶（Maries），度过了许多我只能用"难忘"来形容的夜晚，尽管所有真正难忘的事情，如今只剩下无关紧要的模糊细节，仿佛其最为真实的意义已沦入某处的深渊——但深渊，在纹章学中，乃是盾牌的中心，而难忘之事就像一枚空心的纹章。我们无所不谈：柏拉图或海德格尔的一段话，卡普罗尼（Caproni）或佩纳（Penna）的一首诗，鲁杰罗的一幅画的色彩，或朋友们的生活逸事，但，就像在一场古老的会饮上，每个事物都找到了它的名字、它的乐趣和它的位置。一切都会逝去，一切都已逝去，一切都被托付给四五个人的不确定的记忆，很快就遭到彻底的遗忘（从"语言与死亡"[Il linguaggio e la morte]的研讨班记录里，尚能听

见其发出的微弱回响)——但难忘之事存留下来,因为逝去的东西属于上帝。

正是朱塞佩·鲁索(Giuseppe Russo)让我在同一时期与弗朗科·纳波(Franco Nappo)相遇,后者的诗集《文类》

（*Genere*）已于1996年由夸德利贝（Quodlibet）出版。这部几乎不被人注意的诗集，在我看来，仍是20世纪下半叶意大利诗学的一个事件，堪比坎帕纳（Campana）的《俄耳甫斯之歌》(*Canti orfici*)。而批评家的沉默（唯一的——典范的——例外是米凯莱·兰凯蒂 [Michele Ranchetti]）透露出佛罗伦萨文人的愚蠢，他们在理解上的无能就表现为他们对手稿的遗忘，显然，对他们来说，这份手稿不值一提。如同《俄耳甫斯之歌》中破碎的颂歌，纳波诗歌的不规则块体，尽管如此醒目地可见，仍避开了其同时代人的耳朵和眼睛，因为他们只习惯于蒙塔莱式哀歌的低音区或后现代的样式主义。其"晕眩"的词汇，让古语与方言及口语，还有一种深奥的语言共存，如奇迹一般令那些生活在福尔切拉或圣格雷戈里奥·阿梅诺的文盲们开口说话。结果就是时间和语言的一种独特的末世论收缩：如同时代，词语从遥远的过去涌现，又突然在当下沉没——它剩下了某种东西，类似于庞贝古城的居民在火山灰的突袭下留下的印记：他们被永远固定为一个姿势。神学位格和英雄壮举，与耶稣诞生的马槽塑像，及困在小教堂里的炼狱灵魂，含情脉脉地融为一体；拜占庭的礼拜仪式和罗马教堂的中殿，塌陷于多米蒂亚纳大道赛狗场的潮湿犬穴，或"神腿马"的简陋银氅。同样,对诗学传统的援引得到了审慎的暗示:援引维吉尔("哥特和库曼的骨灰瓮/装着其伟大的曼图亚主人"),还有莱奥帕尔迪(Leopardi):"在古老的圣维塔,埋葬着/诗人和他的隆背。"仿佛语言内部,还有另一种语言在施压,它既不是单纯的方言,也不是帕斯科里(Pascoli)所谓的诗歌的死语言,而是某种类似于俄耳甫斯薄层的东西,在那里,读者像接受秘仪一般,可用"摩涅莫绪涅的湖水"解渴:那不是一种语言,而是一种永远遗失了的语言的不可转让也不可追忆的记忆,诗人则不停地,执着地,朝着这一语言进发。

(我正在这本书中做什么?就像吉内芙拉说的,我难道不是冒险把我的工作室变成一间小博物馆,并亲自给读者们当导游吗?我难道不是一直频繁出镜吗,虽然我想要消失在朋友们的面孔和相遇中间?当然,栖居,对我而言,意味着以尽可能大的强度去亲历这些友谊和这些相遇。但占据上风的,与其说是栖居,难道不是拥有吗?我认为我应冒这样的风险。但我想让一件事清楚地出现,即我是一个字面意义上的后继者,是一个只能从别的存在中生成的存在,它绝不否认这样的依附,并活在一种持续的、幸福的后继中。)

透过百合巷的窗户,只能看见一块房顶,还有对面的一堵墙,其表面的涂层已有多处剥落,里面的砖块和石头依稀可见。那些年里,我的目光想必也在这面赭色的墙上,哪怕心不在焉地,停留过,它已被时间侵蚀得发黑,而只有我看得到它。墙是什么?是某种守卫和保护——房子或城邦——的东西。意大利的城邦有着孩子般的温柔,它仍藏在自身的围墙背后,就像一个固执地试图躲避现实的梦。但墙不只是对外部的防御,它也是你无法克服的障碍,是你迟早要面对

的不可逾越之物。当人每次遇到界限时，就有多种可能的策略。界限把内部和外部分开。因此一个人可以，像西蒙娜·薇依一样，如其所是地注视面前的墙，以永远保持这一状态，不抱任何逃出牢笼的希望。或者，可以像康德一样，把界限变成本质的经验，使之献上一个绝对空无的外部，一间用来安放难以通达的物自体的形而上学小屋。或者反过来，像土地测量员K一样，重新质问这条把内部和外部、城堡和村庄、天空和大地分开的边界，并绕着它走。或者，还可以像普林尼（Plinio）讲述的逸事中的画家阿佩莱斯（Apelle）一样，用一条更精妙的界限来突破界限，使得内部和外部可以互换。吉奥乔·曼加内利（Giorgio Manganelli）曾说，要把外部内部化。无论如何，以头撞墙乃是最后之举。一切意义上的最后。

科佩勒广场48号的工作室是曼加内利1967年留给我的，我在那儿待了三年，如今只剩下一张影像。从照片上，刚好能看到我请工匠定制的木桌及其磨砂的蓝色胶木贴面。桌上放的书是吉奥乔·科利（Giorgio Colli）的"百科全书"（Enciclopedia）版的荷尔德林的《诗歌与断片写

作》(*Scritti sulla poesia e frammenti*)——这本书一直陪伴着我。我身后的落地窗通向了一个隐蔽的露台,而根据列塔·曼加内利(Lietta Manganelli)所述,她曾目睹自己的父亲与嘉达(Gadda)在那里会面:当时工程师正式控诉曼加内利所写的《滑稽悲剧》(*Hilarotragoedia*)是对他的《痛苦的体认》(*Cognizione del dolore*)的拙劣模仿。

当我认识他时,曼加内利——纵使多年过去,我也从不觉得我能舍弃他的书——只出版了《滑稽悲剧》和《文学之为谎言》(*La letteratura come menzogna*)。不过,我一本也没读过。同一时期,我在罗马遇见了英格褒·巴赫曼(Ingeborg Bachmann),但我对她的诗句一无所知。后来,我试着翻译它们,有时还默诵于心。是什么抑制了我,阻止了我的理解?

FRIEDRICH HÖLDERLIN

Scritti sulla poesia

e frammenti

PAOLO BORINGHIERI · TORINO

在某个和我一样准点赴约的人身上,如此反复出现的延迟必定是一种躁狂的守时形式,仿佛我知道某个地方我还没准备好。也许,我同他们作品的约会还没找到它的时辰;而这两个如此不同的笑容——一个近乎嘲讽,另一个含蓄又苛求——就以某种方式守护着时辰的宣告。晚熟的果实得以迟迟道来。

如果我无法在其活着时与他们真正地相遇,那么,这或许是因为我对他们心存畏惧。畏惧他们在语言内部专一且无条件的驻留。巴赫曼,身边德语云绕,总期待得到词语的拯救("我的字眼儿,拯救我!"[13]),但词语每次都反过来刺痛并折磨她。曼加内利,和所有目睹幻象的人一样,幸福地沉浸于对其语言的持续凝视,勤苦地忙于挫败语言的勒索。他们都透过语言看见了地狱——而我还没有能力在这条道路上追随他们。

大约1960年代末，在巴赫曼位于波卡·迪·莱内大道的房子里（室内是完美的威尼斯风格），我认识了格肖姆·肖勒姆，当时他结束了在帕尔马研究帕拉丁图书馆收藏的希伯来手稿的短期旅程，正要返回耶路撒冷，太过紧张的日程安排迫使他在这座美丽的城市无所事事地度过了几个无尽又疲倦的午后时光（不过，他对此只字未提）。相比于后来在同一个地方遇见的阿多诺的傲气，肖勒姆的尖锐和活力更令我印象深刻。

曼加内利离开了科佩勒广场的这间狭小却美妙的公寓（我多次梦见过它），因为他的书再也放不下了。在最小的房间里——后来我把它当成餐厅——他塞了一堆书架进去，平行放着，把整个地面都占满了，以至于几乎没法移动。我还记得他多么激烈地坚持要我买下他的"帷幔"，就像他称呼的，那是一块衬着条纹的吓人的织布，他把它叠在小房间的窗帘上，而那个小房间就被他——还有后来的我——当成工作室。

反复的梦境：我找不到我在罗马的家，再也不知确切的住址，公寓里住着别的人，当我进去时，我不确定自己是否认得那三个小房间。还有几次，我找了很久也没找到我们经常吃饭的餐厅——它怎么可能不见了，它就在那儿！

这些梦保留了1960年代罗马的一些幸福且含蓄的东西，那里，一切都如此单纯。吉内芙拉在皮亚内拉里大道上租了一间公寓，离我不到五分钟的路程，有一晚，埃尔维奥·法奇内利（Elvio Fachinelli）还把拉康（Lacan）医生带到那条路上。几年前，罗伯托·卡拉索（Roberto Calasso）向我介绍了约瑟夫·里克沃特（Joseph Rykwert），后者刚出版了一本非凡的著作[14]，讨论的是古代城市的奠基仪式，其中"蒙杜斯"（mundus）占据了不小的位置，那是一个环形开口，每年会打开三次，好让死者的地下世界与生者的地上世界进行交流。应该给海德格尔的"在世存在"（essere-nel-mondo）与"敞开"（aperto）补充上"世界"（mondo）术语的这个被遗忘了的古老意义：人不仅栖居在存在的敞开中，而且首先栖居在过去与当下、生者与死者之间的通道内。正因有地下的居所，人才能不忘敞开。

我童年的罗马，回首再看，像是蒙着一层忧伤的面纱，

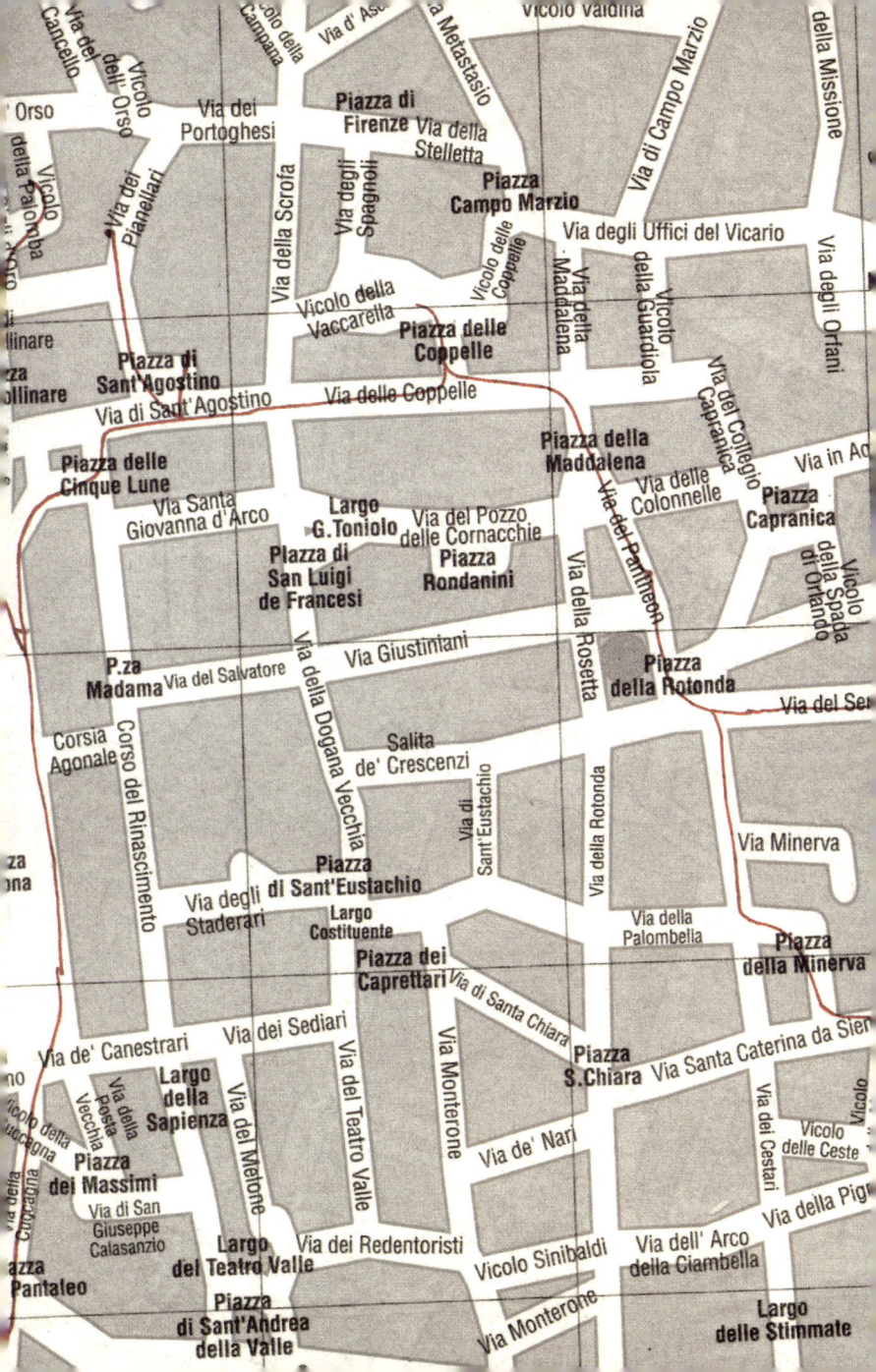

Map of Central Rome

Streets and Places (north to south, left to right):

- Via del Cancello
- Vicolo dell' Orso
- Via dell' Orso
- Vicolo della Campana
- Via della Palomba
- Via d'Ascanio
- Via Metastasio
- Vicolo Valdina
- Via della Missione
- Via dei Portoghesi
- **Piazza di Firenze**
- Via della Stelletta
- **Piazza Campo Marzio**
- Via di Campo Marzio
- Via della Scrofa
- Via degli Spagnoli
- Via degli Uffici del Vicario
- Via degli Orfani
- Via dei Pianellari
- Vicolo delle Coppelle
- Via della Maddalena
- Vicolo della Guardiola
- Vicolo della Vaccarella
- **Piazza delle Coppelle**
- **Piazza di Sant'Agostino**
- Via di Sant'Agostino
- Via delle Coppelle
- Via del Collegio Capranica
- **Piazza delle Cinque Lune**
- **Piazza della Maddalena**
- Via delle Colonnelle
- Via in Aq...
- **Piazza Capranica**
- Via Santa Giovanna d'Arco
- **Largo G. Toniolo**
- Via del Pozzo delle Cornacchie
- Via del Pantheon
- Vicolo della Spada di Orlando
- **Plazza di San Luigi de Francesi**
- **Piazza Rondanini**
- **P.za Madama**
- Via del Salvatore
- Via della Dogana Vecchia
- Via Giustiniani
- Via della Rosetta
- **Piazza della Rotonda**
- Via del Ser...
- Corsia Agonale
- Corso del Rinascimento
- Salita de' Crescenzi
- Via di Sant'Eustachio
- Via della Rotonda
- Via Minerva
- **Piazza di Sant'Eustachio**
- Via degli Staderari
- Largo Costituente
- Via della Palombella
- **Piazza della Minerva**
- **Piazza dei Caprettari**
- Via di Santa Chiara
- Via de' Canestrari
- Via dei Sediari
- Via Monterone
- **Piazza S. Chiara**
- Via Santa Caterina da Sien...
- **Largo della Sapienza**
- Via della Posta Vecchia
- Via del Teatro Valle
- Via de' Nari
- Via dei Cestari
- Vicolo delle Ceste
- **Piazza dei Massimi**
- Via di San Giuseppe Calasanzio
- Via del Melone
- Via della Pig...
- **Largo del Teatro Valle**
- Via dei Redentoristi
- Vicolo Sinibaldi
- Via dell' Arco della Ciambella
- Pantaleo
- **Piazza di Sant'Andrea della Valle**
- Via Monterone
- **Largo delle Stimmate**

因为我不无惊愕地发现，人与人的关系并非我想象的那样。我绝不会忘记一个场景，那是我第一次清晰地感知到人类不公的残忍。年幼的我走在街上——或许是在我当时居住的弗拉米尼奥区——突然就看见一扇门开了，一个中年男子被人用力地踹到门外。我清楚地记得，当他起身并捡起掉在地上的眼镜时，他哽咽地重复着："我是会计吉斯兰佐尼，我是会计吉斯兰佐尼……"从那时起，不公的意识就深入我的精神和内心，不再离开。

在照片未拍到的科佩勒广场的书柜上，我把普隆（Plon）版的薇依《手记》（*Cahiers*）放在眼睛看得到的位置，那是1964年我从巴黎蒙帕纳斯大道的陈氏书店买来的，当时我经常去那里逛。回到罗马后，我给艾尔莎看了《手记》，她——跟我一样——对之赞叹不已，而我甚至决定把西蒙娜·薇依的思想作为我的法哲学学位论文的题目。

随着时间流逝，我觉得，给她的思想冠以"神秘主义"的名号——"神秘主义"是一个要慎重使用的词，因为它有助于排斥一部难以归类的作品并将其置于边缘位置——变得愈发不恰当了。关于1930年代的欧洲政治形势，她给出的如此精确又断然的分析是"神秘主义"的吗？关于纳粹门槛上的德国，她所写的文章，以及她对社会民主制和政党崩溃的批判，是"神秘主义"的吗？她在1941年的一系列论文中（最稠密的一篇以这惊人的诊断开场："对我们这些西方人来说，一件怪事已在世纪之交发生；我们不知不觉间失去了科学……"[15]）对古典和后量子科学提出的尖锐又详尽的批判是"神秘主义"的吗？她对两类真理的区分，难道不属于最纯粹的哲学吗？一类是死气沉沉的真理，一动不动地沉淀于记忆，以至于人们自以为拥有了它（这是大学和学院里传授的知识，对此，西蒙娜·薇依说，"头脑中拥有大量死气沉沉的真理可谓毫无用处"[16]）；另一类是充满活力的真理，它的在场能让人摆脱迷误，并开启对善的追寻。

我毫不惊讶地发现，她最为专注的一位读者是一个伊壁鸠鲁主义者，让·法洛（Jean Fallot）：他看到了对西蒙娜·薇依来说如此核心的苦厄（malheur）体验与伊壁鸠鲁的快乐之间的相似。伊壁鸠鲁思考的是，当痛苦停止时，灵魂遭遇了什么。薇依则恰恰相反：她思考的是，当所有快乐都失去时，人遭遇了什么——在那个瞬间，我们觉得自己丧失了所有能量和所有精力，我们发觉我们的生命"就像一个不承担任何善性的单纯事实"[17]。这当然难以忍受，但它也是我们不得不坚持凝思的真理，如果我们想要获得善的至纯形式的话。

不管怎么说，在那一时期，《人格与神圣》（La personne et le sacré）对人格与权利观念的批判尤为打动我。正是从那一批判出发，我读到了莫斯（Mauss）论人格（persona）观念的文章，并清楚地看到了法律人格与现代人的戏剧和神学面具之间的紧密联系。我从《神圣人》（Homo sacer）首卷开始就不曾放弃的法律批判，或许首先就扎根于薇依的论文。

那篇论文被收录于《伦敦文稿与临终书信》（Écrits de Londres et dernières lettres）一书，而我仍拥有此书的一个皱巴巴的破旧版本，它由伽利玛（Gallimard）出版于1957年，

并被列入阿尔贝·加缪主编的"希望"（Espoir）丛书。有意思的是，出于种种我记不得的原因，书上留有何塞·贝尔加明用钢笔写的签名和旁注，仿佛该版本归他所有。

西蒙娜·薇依如此清楚地看到了权利与人格观念及其在"人权"中结合的不足，但她并未意识到，当她用"义务"、"赞同"和"惩罚"这样截然相反的观念来取代权利时，她再次落入了权利。"义务宣言"不过是"权利宣言"的另一面。

对于人们喜爱的一位作者，发觉其局限的难题已由柯勒律治（Coleridge）（在谈及阅读柏拉图的困难时）以一种解释学原则的形式表达了出来，我曾试着尽可能地追随这一原则："除非你理解作者的无知，不然就假定你对作者的理解一无所知。"[18] 稍加修改，它还可以这样表述："如果你以为自己理解一位作者理解的内容，那么别因此确定自己理解其不理解的内容。"

当我们觉得自己看出一位作者的局限或不一致时，我们最好怀疑一下自己对其无知的理解。这就是为什么，与其揭发其被假定矛盾之处，我更愿探寻那些矛盾背后仍未说出的东西，这才是对作者的理解和深化。在这个例子中，我觉得我要探寻的东西,乃是非人格(impersonale)的观念:"神圣之物,远非人格,而是一个人身上,非人格的东西[……]完德就是非人格的。我们身上的人格是我们所犯过错和罪孽的一部分。"[19]一个人身上非人格的东西,既无权利,也无义务,甚至不能"赞同"或"受罚"。如此非人格的元素符合她在伦敦写下的一则临终断片里与苦厄形成有力对比的欢乐:"欢乐是灵魂的本质需求。欢乐的缺失,意味着苦厄或只是烦恼,是理智、勇气和慷慨消失不见的疾病状态。那是窒息。人的思想需要欢乐的滋养。"还有:"我所渴望的一切存在着,或曾经存在过,或将存在于某处。因为我不可能完全臆造。既如此,如何不满意呢?"[20]

薇依:只有落入社会贬黜的极端状态的人才能说出真理,其余所有人都在说谎。

只有无人听见时,才能说出真理(真理是你若听见了,就不能不信的东西)。借权威之口说出的真理,失去了几分可信,因为那张嘴已有太多人在听。这就是为什么,我们在写作时,试图让自己匿名,不为人知,甚至对自己也是如此。只有一个遗失的真理能被人出乎意料地横向截取。所有被委以传播真理之重任的机构，其碌碌无为就在于此。

正因如此，我觉得，我没法有，也不想有任何学生；我只有朋友，哪怕年龄的差距大得使友谊变得困难。所有能被我视为导师的人，都从未有意地摆过架子。相反，每个人——佩佩、乔瓦尼，甚至勒托尔研讨班期间的海德格尔——都在身为人师的姿态上表现得格外迟疑，他们每一次都想方设法挫败其中的仪礼。

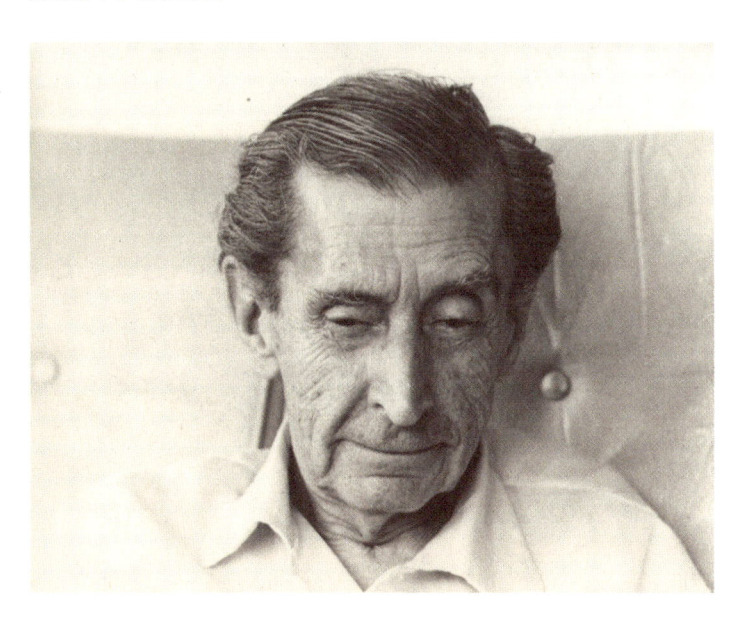

A MAURICE SCHUMANN

pouvoir faire. Je n'ai pas de spécialité, de qualifications techniques particulières; je n'ai rien en dehors de la culture générale qui nous est commune, excepté (si cela peut être utilisé) une certaine expérience des milieux populaires acquise par contact personnel. J'ai été un an ouvrière sur machines dans diverses usines de la région parisienne, dont Renault, en 1934-35; j'avais pris un an de congé pour cela. J'ai encore les certificats. L'été dernier, j'ai travaillé dans les champs, notamment six semaines comme vendangeuse dans un village du Gard.

Toute tâche n'exigeant pas de connaissances techniques et comportant un degré élevé d'efficacité, de peine et de danger me conviendrait parfaitement.

La peine et le péril sont indispensables à cause de ma conformation mentale. Il est heureux que tous ne l'aient pas, sans quoi toute action organisée serait impossible, mais moi, je ne puis pas la changer; je le sais par une longue expérience. Le malheur répandu sur la surface du globe terrestre m'obsède et m'accable au point d'annuler mes facultés, et je ne puis les récupérer et me délivrer de cette obsession que si j'ai moi-même une large part de danger et de souffrance. C'est donc une condition pour que j'aie la capacité de travailler.

Je vous supplie de me procurer, si vous pouvez, la quantité de souffrance et de danger utiles qui me préservera d'être stérilement consumée par le chagrin. Je ne peux pas vivre dans la situation où je me trouve en ce moment. Cela me met tout près du désespoir.

Je ne peux pas croire qu'on ne puisse pas me procurer cela. L'afflux des demandes ne doit pas être tel, pour les tâches dangereuses et pénibles, qu'il n'y ait pas une place disponible. Et même s'il n'y en a pas, il est facile d'en créer. Car il y a beaucoup, beaucoup à faire, vous le savez comme moi.

在百合巷工作室右边的玻璃柜里，有一张何塞·贝尔加明的照片，他和乔瓦尼一起，在我的青春岁月里留下了确凿的印记。某种意义上，佩佩是西蒙娜·薇依的反面。同他的每一次相遇都在欢乐的标记下发生，而欢乐每一次都如此不同、如此强烈，以至于我们回家时仍难以置信，仿佛换了一副容貌，一身轻盈，仿佛那样的欢乐无法存在，也难以承受。然而，在我的——或他的——那本《伦敦文稿》上，佩佩给好几个出现"苦厄"一词的段落加了旁注：由于其受政治迫害的流亡生涯，那个词对他来说想必并不陌生。但论欢乐的段落上也留有他那难以模仿的小鸟形状的花式签名。

我对一切悲剧态度的厌恶和对喜剧的好感就源自他——尽管后来我明白，哲学就处在悲剧或喜剧的两边，并且，就像柏拉图在《会饮篇》（*Simposio*）结尾表明的，一个懂得创作悲剧的人也该懂得如何写喜剧。正是因为佩佩，我才及时明白，上帝并非教士们的专利，并且，如同拯救，我也能在教会之外（extra Ecclesiam）寻找祂。当艾尔莎告诉我，她想写一本题为"无宗教慰藉"（*Senza i conforti della religione*）

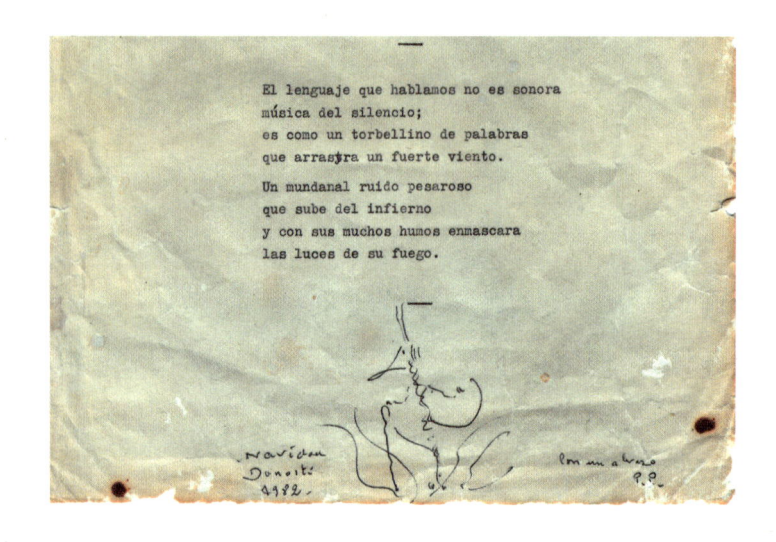

> El lenguaje que hablamos no es sonora
> música del silencio;
> es como un torbellino de palabras
> que arrastra un fuerte viento.
>
> Un mundanal ruido pesaroso
> que sube del infierno
> y con sus muchos humos enmascara
> las luces de su fuego.

的书时,我立刻感觉到,这个题目和我有关:如同佩佩,我也以某种方式同上帝一起活着,但没有宗教的慰藉。(这也让我避开了那些人,他们——在意大利为数不少——想说服我:党派之外无拯救 [extra Partitum nulla salus]。)

Extra:之外(也有从内部出来 [ex]、脱离之意)。若不先脱离那个阻止我们靠近真理的情境——或制度,我们就不可能发现真理。哲人必须成为城邦的外人,伊里奇(Illich)不得不以某种方式脱离教会,而西蒙娜·薇依从不能下定决

心步入其中。之外是思想的位置。

罗马，2014年7月13日："今夜的梦。我和佩佩一起，还有另几个人陪同，在他西班牙的房子里。那是一栋十分简单却不可思议的房子，就像我与他相遇时所处的所有房子：一个大房间通向两个同样宽敞的相邻的露台。在为数不多、全部木制的家具里，我注意到一把小椅子，我把它挪到佩佩身边，好让他坐下，他却用它来放脚。然后我们出门上车，继续夜游，可能是去吃饭，但更有可能毫无目的。我们很幸福。

梦的每一瞬间都充满欢乐,以至于我几乎有意识地推迟它的落幕,仿佛欢乐就是构成梦的材料,而我的大脑不该出于任何理由停止它的编织。最终,当我醒来,我意识到,构成梦的欢乐不是别的,正是佩佩。"

正是通过佩佩,我发现了西班牙,他颠沛流离的生涯有一大部分时光都在那里度过。他的马德里,当然,那片坐落着古老清真寺的被遗忘的灰色街区,还有在阳光下睁不开眼睛的塞维利亚和安达卢西亚。但,首先,是某种像一个民族

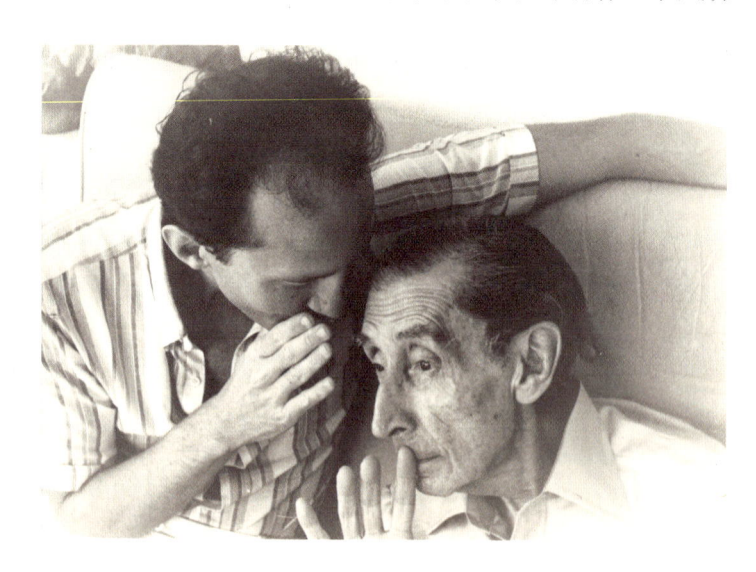

一样的东西留下的终极痕迹，对他而言，这样的村庄 – 民族（pueblo）并非一个实体，而总是且只是少数派（minoría）：不是数量比重，而不如说是阻止一个民族与其自身相一致、阻止它成为总体的东西。这是唯一能让我感兴趣的民族观念。

我记得有一天，他告诉我，他意识到西班牙民族在他之前就死了，这是他一生中最悲剧的时刻。在自身的民族死后继续活着，这是我们的处境，但或许，也是诗歌的极限处境。

他的三次根本阅读：斯宾诺莎（在十六岁的年纪）、帕斯卡尔与尼采。当我提醒他，没有任何西班牙作者影响了他时，他回答说："但这就是西班牙！"

他曾说，对上帝的远离就是对生命的亲近。对重复的拒绝是审美家的特性，而毫无热情的重复是伪善者的特性。但充满热情的重复，就是人。

他曾说，维罗妮卡（verónica）身上本质的东西是适时：斗牛士不得不等到公牛的脑袋在红布（muleta）中迷失的那一刻（就像耶稣的容貌印在了妇人的面纱上）。若他多等一秒或少等一秒，他就错过了。

佩佩的轻盈——传说般的轻浮——完全在于其自我的易挥发的、非实体的性质。他完美地是他自己，因为他从来不是他自己。他就像一阵微风，或一朵云彩，或一个微笑——绝对地在场，但从不受制于一个身份（这就是为什么，西班牙政府通过剥夺他的身份证而迫使他陷入的非生存状态很适合他，令他满意）。他关于自我的整个学说可用他喜欢引用的洛佩·德·维加（Lope de Vega）的诗句来概括："我是我自己的继承者"（Yo me sucedo a mi mismo）。自我不过如此，它继承它自己，"进入自身"又"走出自身"——或带走自身——就像他说的，不断地脱离自身又回到自身，错过自身又追上自身——最终，它只是一个，就像他为其亲爱的洛佩写的那样，按照"描画它的举止的口授"，"让一切相互交织的虚空之点"（un punto de la nada en que todo se cruza）。如空气一般——这就是佩佩：正因如此，他喜欢以鸟的形式歌唱。

贞洁的雪
覆盖风景
其上三滴血
妙不可言。

睁着眼睛
远与近
一阵翅膀轻颤
在无形中。

在一张照片里，佩佩站在路边，拎着一只公文包，像在等公共汽车——但他的等待似乎被一种不耐烦的轻颤贯穿。他的欢乐就是如此——不耐烦的欢乐，也许是因为身为基督徒，他必定处于等待。我就这样回想起他最后的时光，当时他怀着一种急切的热情等待死亡——"雪的手"。如同佩佩，我的等待也充满急促和期盼。

据一个宗教传说所述，亚当在直立之前，就不耐烦地试图采摘树上的禁果。"精神渗透了亚当的身体，直达四肢。

他就这样拥有血肉、骨头、血管、神经和内脏——只有双脚还在泥里。但他徒劳地试着站起来采摘果实。所以就有人说:人是从不耐烦中被创造出来的。"

我们不耐烦地写作,我们也不耐烦地停止写作。但不耐烦的我们采摘不到果实。这是好事。耐烦也许是种美德——但只有不耐烦堪称神圣。一种成为方法的不耐烦。风格,如同禁欲,是从受抑制的不耐烦中结出的果实。

在我的人生进程中,乔瓦尼与佩佩并未发生实际的交汇,但一种固执的对位法将两人汇集于一段无响应的赋格曲。他们代表了两种不同的脆弱：一者以无形却深刻的裂痕为标记，另一者保持完好、没有秘密，如一件闪闪发亮的精美瓷器。一者似乎打不碎，因为，事实上，它已被打碎；另一者处于摔落的边缘，但事实上，又不可能碎裂。

我与西班牙的初次相遇发生在许多年前，那是 1961 年，当时我在坦比哀多礼拜堂认识了一群来此求学旅居的西班牙艺术家。我与其中两位建立了特别的联系：雕塑家弗朗西斯科·（帕科）·洛佩斯（Francisco [Paco] López）和他的妻子，画家伊莎贝尔·金塔尼利亚（Isabel Quintanilla）。他们以某种方式接受了他们周围的混乱，仿佛他们出淤泥而不染。我记得，当帕科用黏土塑造一张包含了沉睡者的小床的床单褶皱时，他近乎迷狂地说出了"现实"（realidad）一词，那是他的朋友兼导师安东尼奥·洛佩斯（Antonio López）传给他的咒语。直到最近，我才得知，马德里的提森·波涅米萨博物馆为帕科和伊莎贝尔举办过一场展览，同他们一

起展出的还有别的或许被不恰当地形容为"现实主义者"的画家们。

我们相遇数年后,伊莎贝尔画的《手雷》(*Granadas*)和《浴室》(*Cuarto de baño*)让我充满欢乐,而在帕科的《带柑橘的静物》(*Bodegón con membrillos*)里,我找回了我对那一时期触动我的平凡事物的绝妙专注。半个世纪后,通过这些作品,我们的命运开始轻巧地、迫切地触及彼此。当我认识他们时,帕科和伊莎贝尔,还有安东尼奥·洛佩斯、马里亚·莫雷诺(María Moreno)、胡里奥·洛佩斯(Julio López)和卡门·拉丰(Carmen Laffon),正在西班牙重建具象绘画的语言,因为那一语言似乎已经丢失。"我们,"安东尼奥·洛佩斯用反讽的语气说,"像在许多年之后,回头来重做一种新的绘画,一段新的历史。"在漫长的时间过后,回到某种新的东西上来:在同一时期的意大利,鲁杰罗·萨维尼奥(Ruggero Savinio)把"形象的路程"从头到尾重走了一遍。在他的画上,形象包含并展示了其穿越时间旅程的全部痕迹,而在伊莎贝尔、安东尼奥和帕科的作品里,这些痕迹好像被抹掉了:但如果人们更为用心地去看、去听,那

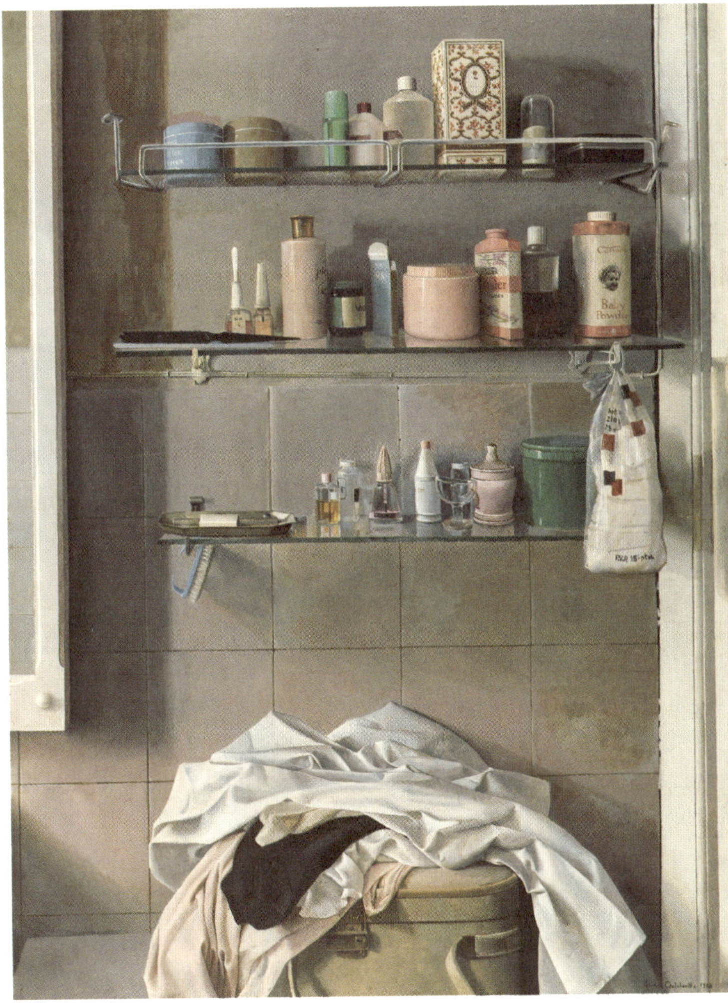

里也能看见完好的形象在一场穿越时间的漫长朝圣之后,从不可追忆的事物里重新浮现,并在重新启动前,一动不动地闪耀了那么一会儿。

我在威尼斯的第一间工作室没有留下任何影像,它的窗户朝向圣巴尔纳伯小广场,而我在那儿住了大约八年。不过,1996 年 6 月拜访威尼斯期间,马里奥·唐代罗(Mario Dondero)在紧挨工作室的大客厅里给我拍了一张照片。可以看见,我上方的墙上挂着一块由克里奥·皮津格里利(Clio Pizzingrilli)缝制并作画的织布,在那些幸福的岁月里,它一直陪伴着我,对我来说,它就像一个未来民族的旗帜。玛蒂娜(Martina)、弗朗切斯卡(Francesca)、瓦莱里娅(Valeria)曾与我一起住在这栋房子里,而在漫长又激情的夜晚,还有至为亲密的朋友们:安德烈亚(Andrea)、丹尼尔(Daniel)、埃马努埃勒(Emanuele),以及——在那场把我们永远分开的决裂发生之前——圭多(Guido)。正是在那里,《神圣人》的计划逐渐成形,而关于奥斯维辛的著作,《剩余的时间》(*Il tempo che resta*)(扬·托马 [Yan Thomas] 视之为我最漂亮的书)和《敞开》(*L'aperto*)也得以写下。这栋建筑是威尼斯

人招待异邦人的"贵族小馆"旧址,而我,作为一个异邦人,正是由此出发,学会了如何与威尼斯亲密无间,并发现,一座已死的城市,也可以像幽灵一样,不仅比它的居民,而且比我所知的几乎所有城市,更富有秘密的生机。

扬·托马,我认识的最有才华的罗马法律史学家,也爱威尼斯。曾有一次,我们在威尼斯临时举办了一场小型的三方研讨会,讨论僧侣的法则——对于这个话题,我的研究与他的最新探索发生了交汇,但死亡阻止他完成他的钻研。和我一样,扬对法律所做的种种与生命相连接的尝试表示怀疑,因为它们立刻就把活生生的存在转变为司法的主题,不过,他也忍不住赞叹罗马法用来回应这一使命的那些巧计和虚构。现代法对生命进行直接司法化的与日俱增的趋势令他深恶痛绝,也正是在这方面,由《神圣人》开启的法律考古学与他的忧思交织在了一起。在巴黎,我们相约到王子大街的老饭店"波利多"共进午餐,当时我在那条街上租了托尼·奈

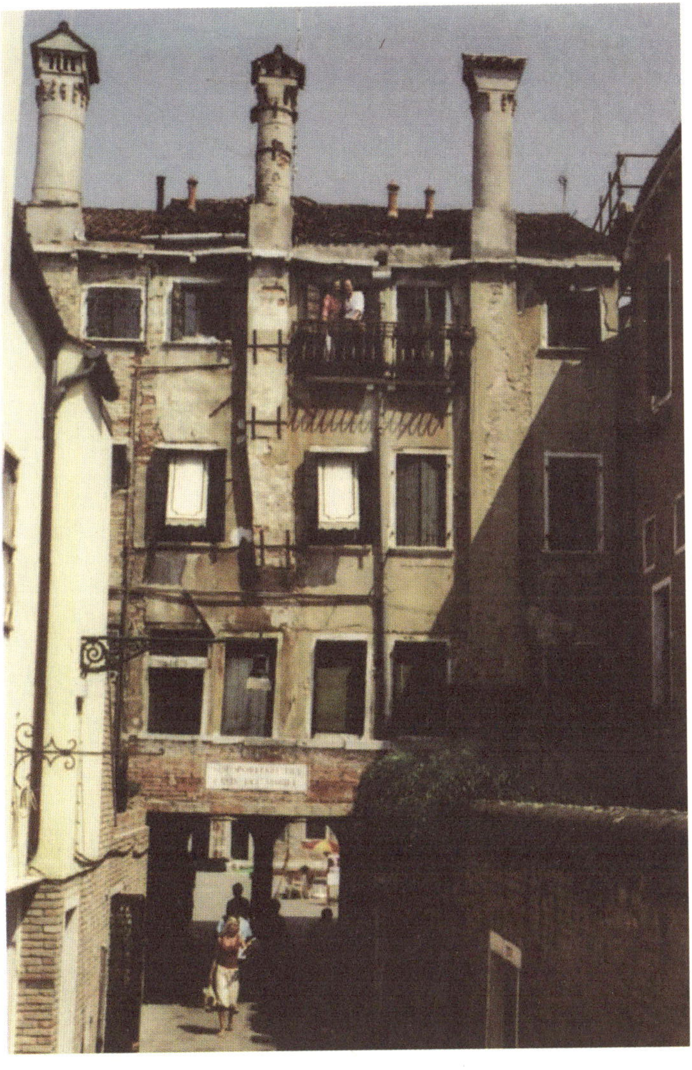

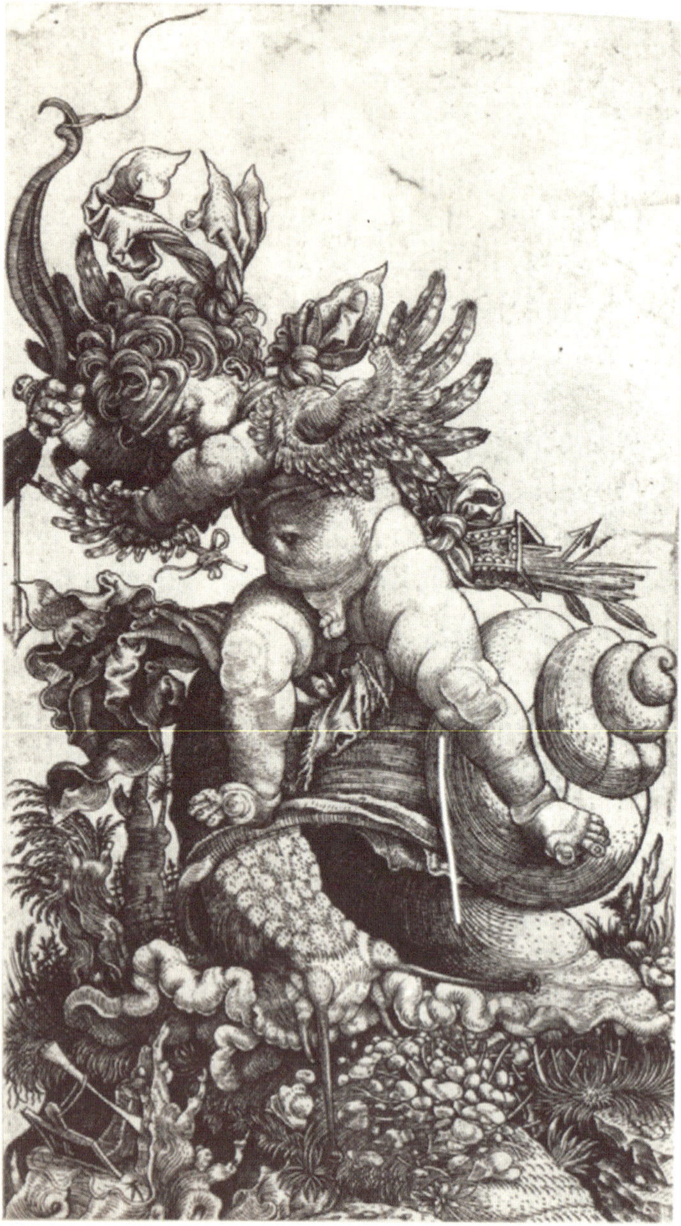

格里（Toni Negri）留给我的一间公寓，并住了几年。2008年9月，当我得知扬去世的消息时，我一路走来并习惯与他分享的那块领地，像是在我眼里缩小了。

在我不得不离开百合巷的工作室，搬到威尼斯之前，我在罗马科西尼植物园大街的房子里生活了几年。当时我和吉内芙拉住一起，现在我还不时地住那里。如今，在这同一张桌子上，放着一幅版画，画的是"蜗牛背上的狂暴爱神"（*Amore furioso sulla lumaca*），这或许是我见过的"从容赶急"（festina lente）的最佳例证——尤其是对我这样的急性子来说。某种意义上，它成了我的纹章标志，我的座右铭形象：受抑制的不耐烦。这就是为什么——如果，正像凯伦·布里克森（Karen Blixen）所说，座右铭是生命中最重要的东西，那么它当然比精神分析还要奏效——我在《散文的理念》（*Idea della prosa*）第二版的扉页背面复制了这幅图，仿佛它包含了那部作品的理念。相比其他著作，我在那部作品里更好地认清了自己，或许是因为我在其中做到了忘我。

在旁边的名片盒里，塞着一张照片，那是提香的晚期画作《被剥皮的玛息阿》（*Scorticamento di Marsia*），它被存于克罗梅日什城堡的美术馆。多年来，我不停地思索着这幅画，而提香也以迈达斯（Mida）的形象将自己画在画中，怜悯地看着萨提尔的受刑。我忍不住把它和但丁在《天国篇》（*Paradiso*）开头的祈求联系起来。从这个被强行剥掉皮肤的造物身上，但丁看到了一个灵感的意象：

> 你进入我的胸膛，如同你战胜
> 玛息阿，把他从他的肢体的鞘里
> 抽出时那样，替我歌唱吧。[21]

诗人的考验是多么艰巨——为了能够歌唱，竟要被活活地剥皮。

为何绘画一直且愈发是我生命的本质部分？1980年代，我几乎每天都在分享鲁杰罗·萨维尼奥的激情探索，后来，多亏了莫妮卡·费兰多（Monica Ferrando），我发现了阿维格多·阿利卡无与伦比的作品。而在同一时期，来自希克利的画家，尤其是索尼亚·阿尔瓦雷斯（Sonia Alvarez）和皮

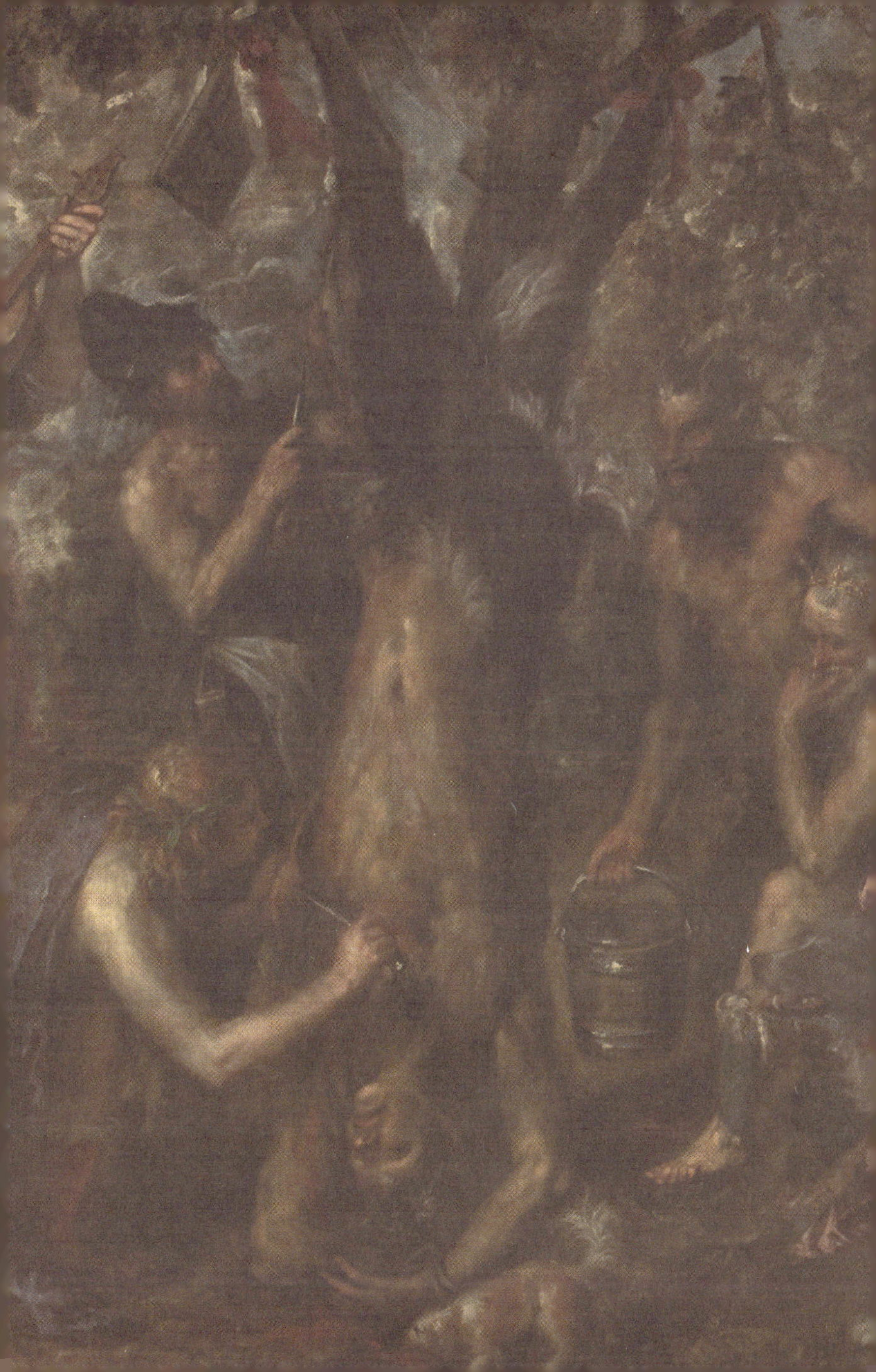

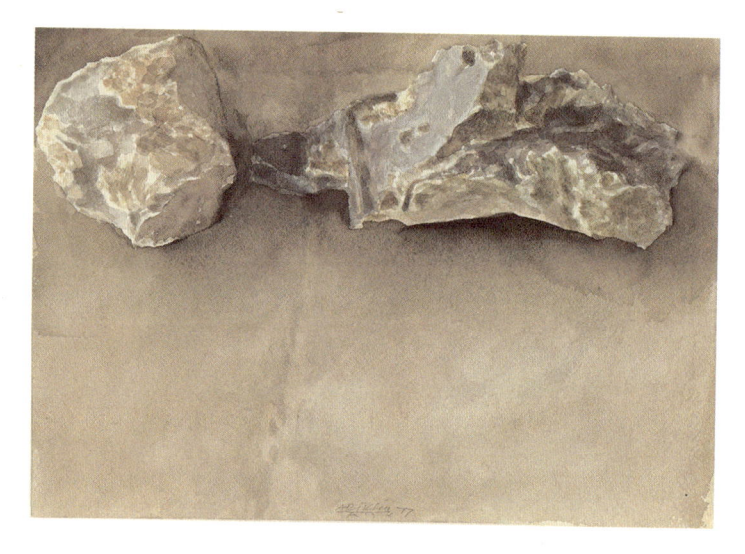

耶罗·古乔内（Piero Guccione），帮我守住了视觉，因为这个时代试图用一切可能的装置让视觉失明（阿维格多的一幅水彩画和莫妮卡的一幅画成床罩形态的海洋风景画就放在我位于韦特腊拉的工作室里）。不久前，我再次发现了伊莎贝尔·金塔尼利亚、帕科和安东尼奥·洛佩斯……

正如莫妮卡不知疲倦地反复说的那样，绘画，包括最现实主义的绘画，总是通往神话。在我看来，绘画，确实是沉默的诗歌，是在图像中变得沉寂的言语——但，正因如此，它被暴露为言语，被暴露为迷思（mythos）。要有言语，也

要有沉默——并且，在此沉默中，让那个恢复了无名的事物，那个尚未拥有或不再拥有名字的事物，短暂地出现。

在百合巷的书桌右侧，有八本颜色不一但封面相近的笔记。这些本子存放着我的想法、评论、读书笔记、摘录——极个别时候，还记下了梦、相遇或特殊事件。它们构成了我研究实验室的本质部分，且往往隐含着一本即将到来或正被写下的书的最初萌芽或材料。从1979年12月开始，到今天已有三十个年头，它们占据了威尼斯工作室的一层书架。我明白，我给出的是一种外在的描述，无法定义这些笔记到底是什么，我有时觉得，它们是我生命最生动也最珍贵的部分，

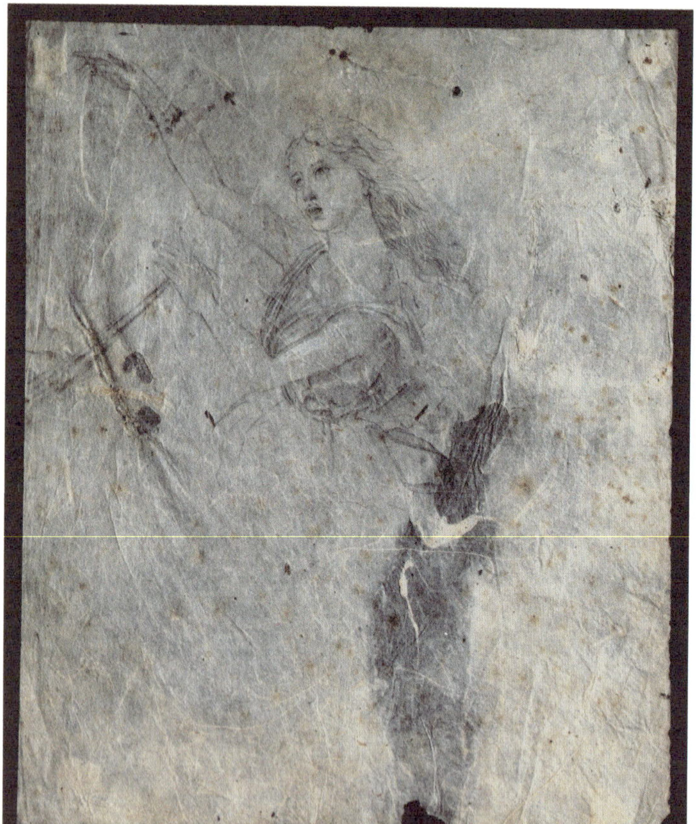

有时又觉得，它们是毫无活力的生命残余。当然，相比于完成的书，这些笔记，带着其仓促又破碎的字迹，是潜能的最为忠实的图像，完好地保留了存在与非存在，或别样存在的可能性。在这个意义上，它们就是我的工作室。因此，我偏爱它们胜于出版的书，有时还希望自己从不迈过那道最终成文的门槛。有许多次，我梦想过一本书，它只是一本缺失之书的前言或后记。或许，我出版的书就是某种类似的东西——不是书，而是序幕或尾声。一位作家的秘密完全就在那个把书与笔记分开的空白的空间里。

笔记是工作室的形式，而工作室是本质地未完成的。"研究的形式"与"展出的形式"，记录与撰写，并不对立：某种意义上，未完成的作品也是片断和研究。就像音乐里，每一寻求曲（ricercare）都完结于赋格曲（fuga），但赋格是真正无止尽的。

在威尼斯的书桌最右侧，摆着一张萨尔加多（Salgado）拍摄的照片，照片上是一位女童的脸。我不知道她的名字，但我确信，她会在末日审判我，给我定罪，正如她痛苦又严

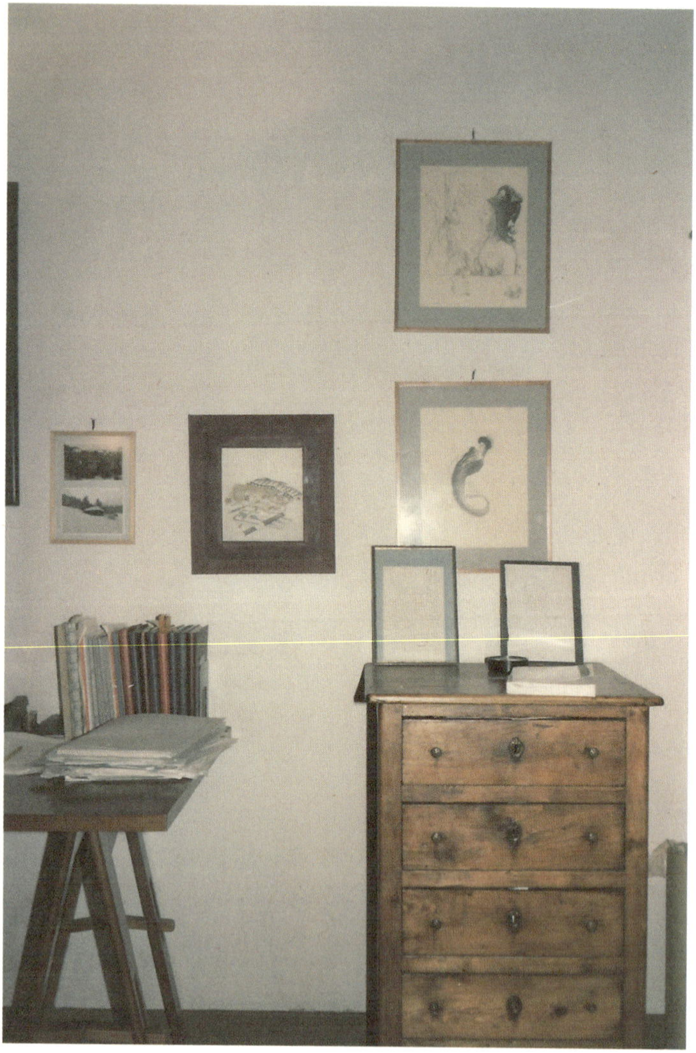

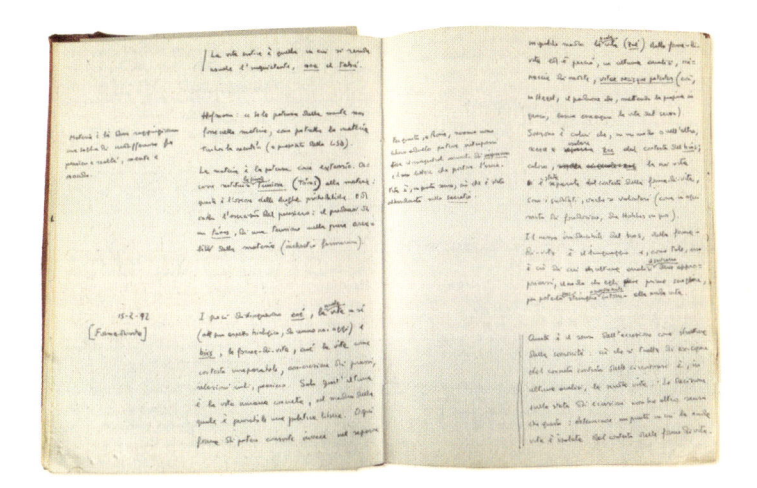

厉的表情透露的那样，或者宽恕我。她是伊朗救赎论中的妲厄娜（daena）形象，虽在最后之日（novissima dies）才与我们相遇，但我们早已用我们的行为和思想亲自塑造了她的特征。

挨着这张照片的是吉奥乔·卡普罗尼的一首诗，开头读作："我回到了 / 我从未在过的地方。"1982年，他为我抄写了这首诗——并把几经易改的原稿一起给了我，原稿落款日期为1971年1月31日："从我习惯性的（洁癖式的）毁

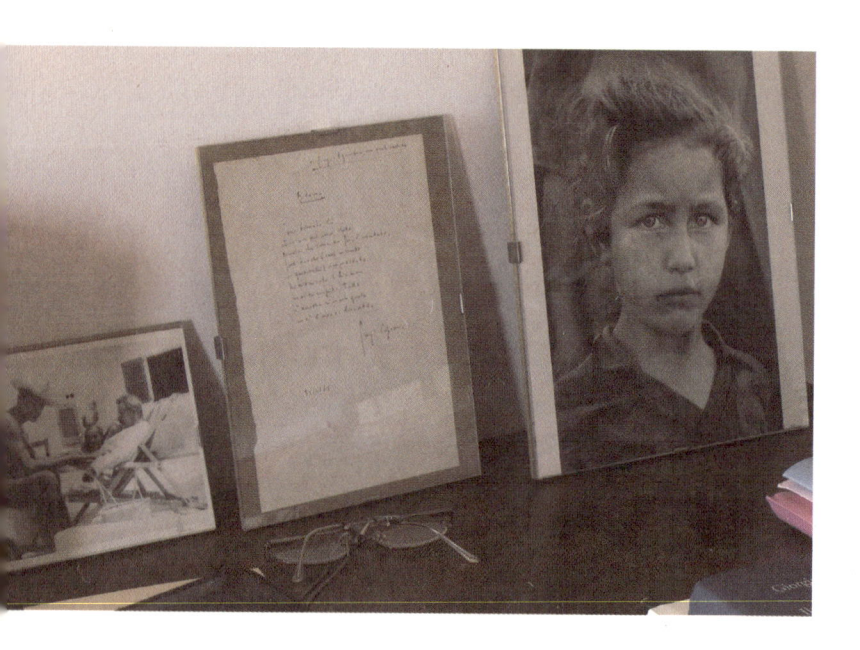

灭中,"他在附信里写道,"侥幸逃脱的极少数诗之一。"这首诗也出现在百合巷工作室的五斗柜上,刚好在两幅复制的雷东(Redon)画作的下面。在我认识的诗人里,卡普罗尼是我最欣赏的那位——也就是说,每一次,我都用绝对惊叹的眼光看他。惊叹面前这个外表简单又朴实的人竟然诗化了——因此也亲历了,如果生命就是从言语中产生且始终无法与之分开的东西的话——闻所未闻的体验,就像一头动物,通过变异超越了其自身物种的界限，但又不可能被纳入别的任何族群。

在此，区分诗歌与真实经历没有任何意义：《里窝那之诗》（Versi livornesi）中与少女母亲的不可能的相遇当然在诗人的传记里发生，正如卡普罗尼格律的神奇质地的破碎与1960年代末开始的意大利社会的衰败密不可分。

在卡普罗尼的作品里，思想与诗歌的亲密关系同样明显。我还清楚地记得，当我撰写"语言与死亡"的研讨班材料时，《大地之墙》（Muro della terra）中的《回归》（Ritorno）一诗，以怎样的方式打动了我。在黑格尔还有海德格尔那里，"曾经存在"（esser-stato）标志着西方思想的终极海岸和深渊，在这里被另一个存在的形象所克服——"从未存在"（mai-stato）——后者真正地无源且超乎时间，既没有开端也没有终结，既没有过去也没有未来。如此的从未存在，连同"印着方格的／油布上"半满的酒杯，就是这位诗人的日常居所，其中"一切／仍存留着就像／我从未离开"。

在我们的谈话中，卡普罗尼把《凯文许勒伯爵》（Conte

A Giorgio Agamben,
Isola Comacina, 29/3/82

Tutto è ormai quasi
per l'uomo lasciato

Lui trovò la
ama non ha mai stato,
Nulla, che ormai più è mutato,
Sul tuo (null'incanto
o qualcosa) a mutato
lo ritrovò ol trovare
noi sempre. Tutto (+)

(nell'un mutato
(tu un ellisse) è rimasto
Come noi l'ora, lasciato,
non è un mutato

31/1/78

Tutto
è rimasto così
(tra nullismi l'oro
ora è già lasciato
noi sempre la tanto
del tuo nel di tutti
o vedi idea vento,
nel di tutti o vedi
una vento, è tutto
(nell'un muta) rimasto

di Kevenhüller）断断续续的音律学比作一种宣叙调，一种反歌咏，它如同狂乱的徐缓之乐（ritardando）遍及整个言语而绝不与之一致。至于晚期作品中如此显著的省略号，他说，这是受舒伯特第163号《五重奏》（*Quintetto*）的柔板启发，其中拨奏每次介入都是为了打断小提琴没法终止的旋律短句。仿佛思想中断了歌唱的冲动，而后者，得益于这悬停它的节拍，又顽固地回到了它的进程上来。作为两种音乐强度，思想与诗歌贯穿并激活了独一的语言领域。

也许正因如此，艺术的终点，诗歌的极限，只能是一个弃绝之点，在那个点上，思想只有放手，才能赶上并抓住它所追求的美：

> 但是现在我必须
> 像每个艺术家达到极限一样，
> 停止作诗歌颂她的美。[22]

卡普罗尼用不同版本跟我讲述的反复出现的梦。他同一位朋友乘有轨电车去一个他很熟悉的地方，"我经常去那里，几乎是定期溜达"。某一刻，他看了看表，发现到回去的点了。但当他找日常电车的终点站时,他找不着了,于是他问一个人:"那人回答说:'终点站?电车?可是尊敬的先生,这里从没有电车。'我又问了一个人,还是同样的回答。我开始慌了,四下寻找。我愈发地迷路。终于我到了乡间,绝对在城外。已经无路可回。我醒了。"

无路可回:不论在哪,卡普罗尼都像抵达了一个不归之点,在地狱的门口(ad portam inferi),如同《泪水的种子》(*Seme del piangere*)里那篇同名诗作描写的正在候车的安娜·皮基(Anna Picchi),或者,就像一首写了无数页,却反复修改、没有完成的诗歌的手稿,其开篇正是"我来到地狱的门口并看见……"(Ego qui ad portas veni inferi et vidi...)。

"我抵达了平静的/绝望,无所畏惧":恭敬的旅人发出的辞别以如是的忏悔作结。但在《第三本书》(*Terzo libro*)的宏伟诗篇里,"累积的跨行连续"产生的格律张力,像是通过一次艰难的呼吸,恢复了1944—1954年"白色的、近乎狂暴的绝望"。这里的风格极为高雅,但诗句间布满日常的用语——汽车前灯、自行车、拖鞋、酒吧、有轨电车、电梯（卡普罗尼有天承认，他会用怀疑的眼光看待那些字里行间从未出现过一只酒杯的诗歌）。

在激烈地保卫崇高的风格时，扎加耶夫斯基（Zagajewski）恰当地注意到，近来欧洲文化里似乎流行着一种错误的观念，即认为诗歌的高雅笔调是某种反动的东西。高雅的风格，相反，不仅能和幽默共存，还能和低卑的词汇共存：一首诗的语调并不取决于词汇，而是取决于从缪斯的声音中直接迸发出的张力，不管缪斯是卡利俄珀（Calliope）还是埃拉托（Erato），是墨尔波墨涅（Melpomene）还是乌拉尼亚（Urania）——就连塔利亚（Talia），喜剧缪斯，也能触及崇高。在20世纪至今的意大利文学里，起初恰好抵制邓南遮（D'Annunzio）修辞的东西最终却臣服于低卑的笔调，从语言中抹去了音乐和思想的一切痕迹。但一种语言，如果打碎了与音乐原则的联系，甚至丢失了记忆，就不再是语言。

正是卡普罗尼让我接触到了他深爱的卡洛·贝托奇（Carlo Betocchi）：1984年4月，我同吉内芙拉一起到菲耶索莱的疗养院拜访贝托奇，他正在那里度过他的最后时光。接待我们的修女说，他应该在花园里，她会去通知他。就在

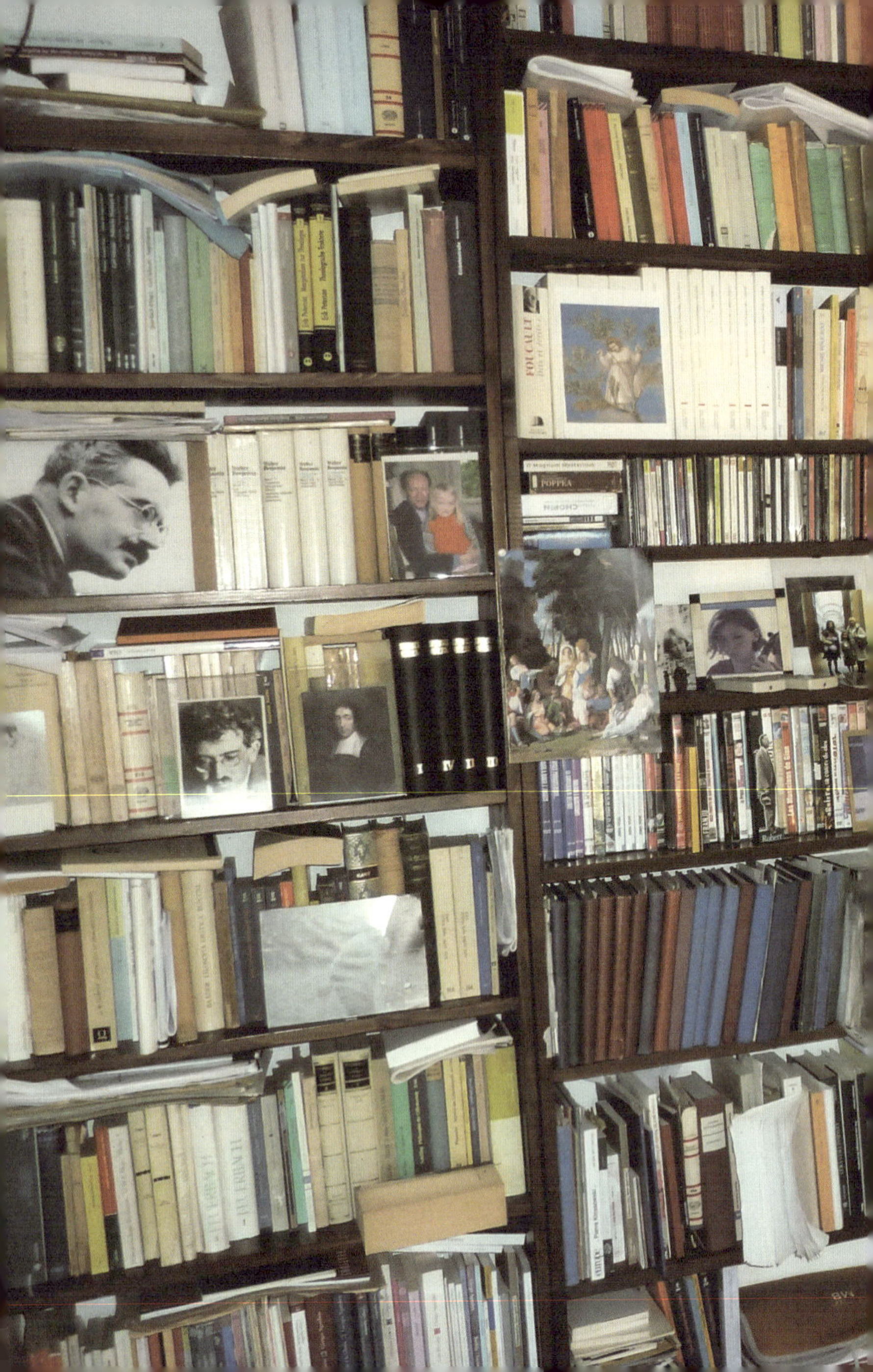
FOUCAULT
POPPEA

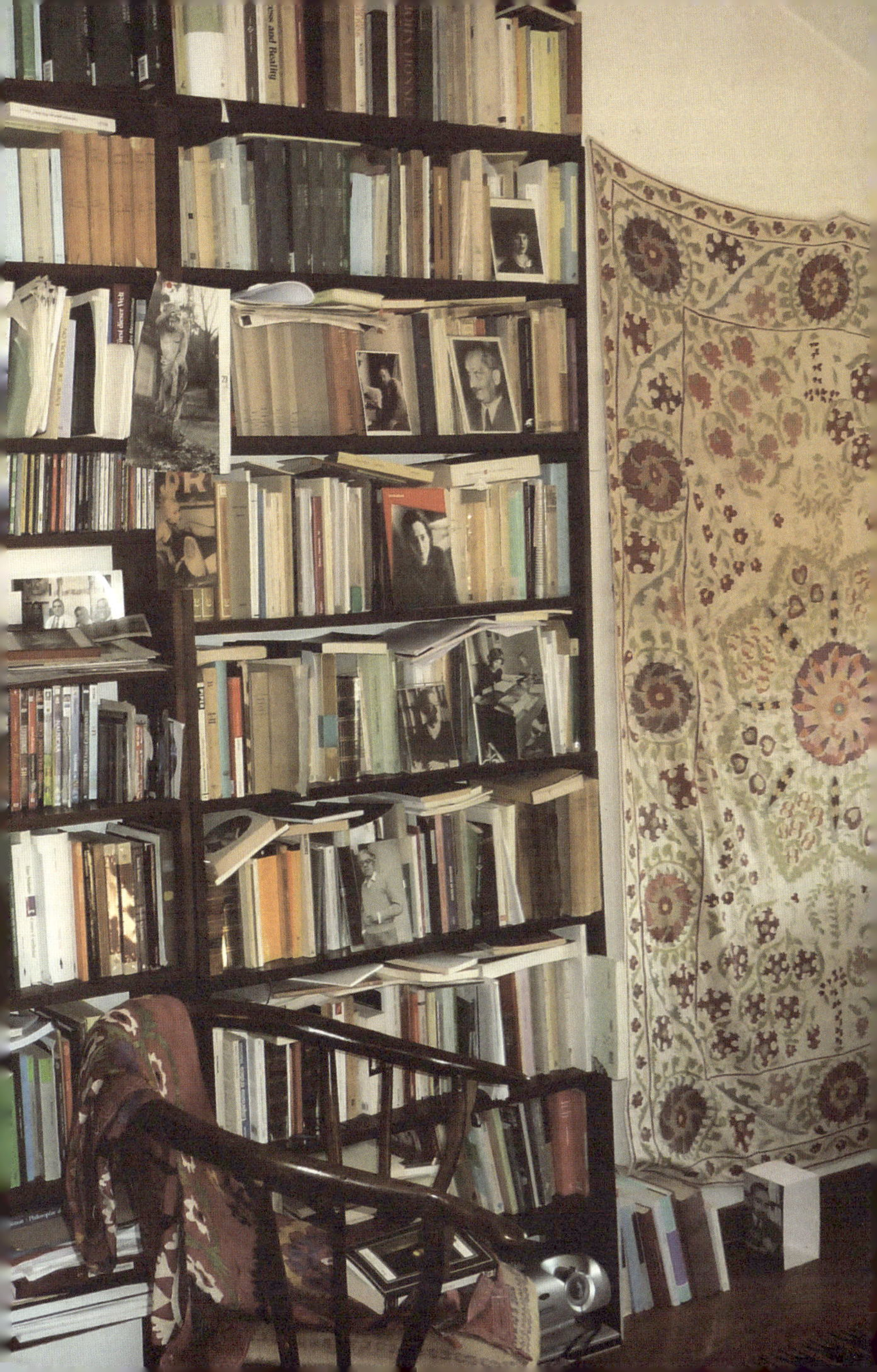

这时，他过来遇见我们了：心情愉悦，一身灰衣，戴着一条天蓝色的大领带，问"谁在找我？"。当他听说卡普罗尼派我们过来时，他突然容光焕发。他谈起他喜欢的诗人，坎帕纳和兰波，还有他第一次见到就躺在临终床榻上的雷博拉（Rebora）。他反对"靠吃利息过日子"的佛罗伦萨文人，称自己是个"手艺人"，长期像测量员和工头一样在罗马、托斯卡纳和菲耶索莱工作。出门和我们共用午餐前，他带我们参观了他的房间，一个简单的小套房，配有一张床，还有一个光线充足的阳台，看得见城市的奇妙景色。一个架子上放着他写的所有书，他不得不把它们全带过来，因为他再也记不清它们的名字。《歌声之盐》（*Il sale del canto*）、《一个步伐，另一个步伐》（*Un passo, un altro passo*）、《圣马蒂诺之夏》（*L'estate di San Martino*）、《安息日之诗》（*Poesie del sabato*）、《向来》（*Del sempre*）……这些书，和卡普罗尼的书一样，令我难以忘怀。

……同时作为一种深深的苦恼和一种喜悦升起的东西就是歌声之盐，是人从歌声中体会到的第一种滋味。它是歌声的实体，是可能发生的新革命的领地，而我们所谓的欢乐就从那儿传来[……]宁静存于其中止之处。
我要多说一句：当其真正歌唱时，它提前，在诗歌之前的一刻，中止了；它让心脏，富有人情地，独自跳动了一会儿。

> 来吧，来我这儿，我已老了，
> 不是爱，而是你，爱的影子
> 来自沉默的日常物，屋顶，
> 街道的景色，微微打开的窗户
> 让恋人们一眼认出恋情的
> 来临，或来自病房的天窗，
> 痛苦时日的苍白
> 队列，而荫庇的安宁远去
> 就像高飞的野鸭被雷击中
> 坠入沼泽溺毙，不见踪影
> 只留几片羽毛在空中：
> 我是踟蹰于此的现实
> 甚至没有自身的缘由
> 你若不来，爱，爱的影子，

哦亲爱的睡眠，请给我你的安息。[23]

在威尼斯书桌上方的墙上，有一张我从巴黎古董商手里买来的阿尔弗雷德·雅里（Alfred Jarry）的明信片，以及1896年12月11日《愚比王》（*Ubu roi*）在作品剧场首演的门票。同雅里的相遇早早到来了，因为1967年，我为当时我和吉内芙拉一起主编的"神经称重仪"（Il pesanervi）丛书翻译了《超雄性》（*Le surmâle*）。而在那之前几年，《浮士德罗尔博士》（*Docteur Faustroll*）已深深地迷住了我，在我看来，它是以诗意的方式去直面一个真正的哲学难题的最为严肃的尝试。凭借一种惊人的信心，雅里受益于柏格森在亨利四世中学开设的课程，他听了那些课并细心地做了笔记，笔记已由杜塞（Doucet）基金会保存。如果啪嗒学（patafisica）是一种玩笑，那么它也是柏拉图意义上的玩笑——在《第七封信》（*Settima lettera*）里，他把玩笑定义为"严肃的兄弟"：正是啪嗒学真正地补充了形而上学（metafisica）并超越它走向一个额外的宇宙。

谁要是声称自己在写哲学，却没有——不管是公开地，

还是隐含地——提出其形式的诗学问题，他就不是一个哲学家。这也是维特根斯坦说"我们的确应当把哲学仅仅作为诗歌来写"[24]时，他心里必定在想的意思。对我来说，同样如此：我成为一名哲学家是为了用我本来无法克服的诗学疑难来衡量自己。在这个意义上，我也许不是一名哲学家，而是一位诗人，同样，反过来，许多被归于文学领域的作品，不如说，正当地属于哲学。其中当然就有雅里的作品。他构造了一台诗学机器，以便用最严密的方式来定义他口中直呼的绝对之物。不是，就像他很快指出的，以"存在或言说"（也就是

存在-论)为原则的"致死的或形而上的绝对",而是以"存活"(不再是存在论,而是"个体发生学")为原则的"动态的绝对"。其最具哲学密度的一篇文本就描述了这样一台机器,它能让人摆脱绵延,在时间中保持静止,从而实现对时间的探索。他用一些极度令人信服的科学术语描述这台机器,但机器显然与作者正在写的书相一致。在这个意义上,雅里写的每一本书都是对一个哲学难题的诗性解决。

如果《浮士德罗尔博士》（包括"关于用来探索时间的机器的实际建造的指导意见"）与《存在与存活》(*Être et vivre*)构成了雅里的形而上学，那么《愚比王》则包含了他全部的伦理学。相比于犬儒主义者的伦理学，这套伦理学在丑闻性上丝毫不落下风，而雅里一丝不苟、直截了当地践行着它，令其朋友们大为震撼。他把闹剧改造为一种如此完整又严格的苦行实践，以至于彻底废除了闹剧。面具——愚比老爹（le père Ubu）——吞食了其创造者；他已一无所剩。"我们"——或不如说，第三人称——而非"我"的使用，面无表情的呆滞，令拉希尔德（Rachilde）如此恼怒的顿挫的鼻音（"Ma-da-me"），对自身生存状况和社会惯例的绝对冷漠——这一切被玩世不恭、不容置疑地发挥至圣洁的地步。他已成功地用自身的角色实现了克莱斯特（Kleist）勉强有勇气梦想的事情：从人到木偶的毫无保留的、有福的变形。

在我发现雅里的同一时期，我从一位旧书商手中买到了勒内·克雷维尔（René Crevel）的《你疯了吗？》（*Êtez-vous fous?*）初版。我曾几次试着翻译，就像翻译那些我喜欢的用外语写成的书，但这本书的语言是如此地陌异，以至于它表现得不可译。并且，这本书不仅不可能翻译，其不可译的特点还与一种同样完美的不可读性密不可分。我意识到，我能对麦尔维尔和雅里的书作同样的判断，而我最喜欢的几本书在我看来简直不可读。或者说，它们要用一种完全非比寻常的方式来读：不是留心意义和话语，而是只留心语言——这语言！——就像卡普罗尼的《纪念日之诗》（Sonetti dell'anniversario），我以音节诵读，迷狂而不求理解。必须在同一页上停留数个小时，而不考虑阅读后文，接着对另一页重复同样的操作，甚至在那里停留得更久。在这里，就像在浮士德罗尔博士发明的探索时间的机器里，阅读的时间凝结为"过去和未来之间的一个死点，而我们会恰当地称之为想象的当下"[25]，其中连续颠倒为后退，并且发生的不是一次渐进的阅读，而是一个记忆的生成。书不被阅读：它不如说通过时间外部一个不可追忆的点上涌现的一系列分散又难忘的回忆而被费力地拼读出来。

正是以这种方式，我阅读并重读了我最爱的那些书。

多年来，在威尼斯工作室的墙上，紧挨着雅里的手稿，有一幅博纳尔的小素描，很可能是"沐浴的裸体"（Nus à la

RENÉ CREVEL

ÊTES-VOUS FOUS?

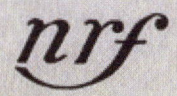

8ᵉ édition

nrf

PARIS
Librairie Gallimard
ÉDITIONS DE LA NOUVELLE REVUE FRANÇAISE
3, rue de Grenelle (VIᵐᵉ)

emmène l'oiseau-flamme, pour qu'il se repose, au plus haut étage d'un sanatorium gratte-ciel. — Le rucher à malades. — L'heure des gramophones. — Pour échapper au naufrage, à l'aube montagnarde, le regard s'accrochait au fer du balcon. — Privé même d'un tel secours, aujourd'hui, rue des Paupières-Rouges, en plein brouillard, l'homme devient, pour de vrai, M. Vagualame. — Yolande en chair et en os, très décolletée malgré le froid, jaillit du trottoir de brume. — Suivent Mimi Patata et les jumeaux. — Yolande emmène tout ce monde chez elle.

La Ville.

Elle porte collier de visages en papier mâché, mais son chignon joue à l'arc de triomphe.

Ainsi, avant l'ère des nuques rases, toute patronne de bistrot, à coups de guiches, frisettes, franges, boucles, nattes, compliquait, en de chimériques architectures, l'édifice de cheveux et d'orgueil, à même le sol du crâne.

Or la dernière auvergnate, penchée sur le zinc d'un comptoir, où se mire sa tignasse bouffie de crêpés cimentée à la brillantine, étayée de peignes et barrettes, façon écaille, nymphe de gargote, narcisse femelle, mais défiant tout vertigo — elle vous en donne sa parole — car la tête est bonne, certes, meilleure baignoire）系列的一张草图。1967年，我在巴黎见到了其画作，当时橘园美术馆正举办第一次大型回顾展，从那时起，我就不厌其烦地盯着它看。如果，在希伯来术语的意义上，纳比派（nabis）画家是先知，那么博纳尔的预言就关乎色彩。在一则手记里，他有意颠倒了素描和色彩之间的传统关系，声称："素描是感觉。色彩是理性。"[26] 构成色彩学的智性——爱的智力——色彩中智性的迷狂：这就是博纳尔——至高的认知。我的幸福感完全沉浸在他的光中。

《浮士德罗尔博士》有一章是献给皮埃尔·博纳尔的。雅里的愚比与博纳尔密不可分：后者为1899年的《历书》（*Almanach*）设计了一些灵巧的装饰图案，并为安布鲁瓦兹·沃拉尔（Ambroise Vollard）的几本愚比小书画了一系列草图。

仿佛雅里凶猛又稚气的笔墨,在博纳尔的色彩里,升华为天堂的热情。

玛尔泰(Marthe)的身体之谜:她在画作和摄影中赤裸地出现了无数次,被细致又甜美的笔触画下——但每一次,她的面容都在阴影中模糊不清。这是博纳尔的阿卡迪亚(Arcadia)对死亡的独一预兆。

当我考虑巴黎和法国对我意味着什么时,我必定会想起,1960年代中期,同皮埃尔·克罗索夫斯基(Pierre Klossowski),以及恰好二十年后,同让-吕克·南希(Jean-Luc Nancy)的相遇和友谊。说到皮埃尔,我近乎狂热地阅读了《这样一种致死的欲望》(*Un si funeste désir*)和《延宕的假期》

(*La vocation suspendue*)，仅此一次，我觉得作者和其作品一样了不起——或许，就像我后来明白的，他是唯一有勇气在傅立叶（Fourier）指引的方向上一走到底的人。

至于让-吕克，他不同于皮埃尔，与我同辈，而在斯特拉斯堡或意大利的频繁相遇中，我发觉他与我的思想如此接近，以至于我有时觉得，我们的声音混在了一起。并且，我们的反思首先在声音的难题上交汇。我在那本《声音的分享》（*Partage des voix*）的样书上写满旁注，而我的短文《思的终结》（Fine del pensiero）如此地打动他，以至于在《旷野呼告》（Vox clamans in deserto）的拟人法里，他把我——和瓦莱里、卢梭、黑格尔一起——搬上舞台，并背诵了其中的段落。从那时起，我就从未停止过对声音的反思，并且我认为，如果思与诗朝着同一个灭点汇集，那么，这个点只能是声音。从1990年代开始，出于一些不必在此深究的原因，让-吕克与我的研究渐行渐远——但友谊，直接分担着生存的感受，每当我重温与他的相遇时，就为我再次燃烧起来，丝毫未减。

在我工作过的每一间工作室里，都有本雅明的出场：在

百合巷的五斗柜上,紧挨着卡普罗尼的诗篇,是他的一封书信手稿;而在威尼斯的工作室里,有一张让·塞尔兹(Jean Selz)赠予我的拍摄于伊维萨岛的照片,以及一份梦的手稿。虽然我从未有机会遇见他,但在我的众导师中,我觉得,他是我最常亲身与之重逢的那个人。当你终于与一位作者的作品产生了一种物质的——也就是文献学的——亲密时,当你阅读他的著作,心跳加速时,就会出现一些看似神奇的现象,但这其实只是那份亲密感的果实。于是,当你不经意间打开一本书,你会恰巧翻到你所查找的段落,而一个纠缠不休的问题突然就找到了答案或正确的表达——或者，就像我在本雅明那里遭遇的，你最终亲自撞上了他所见、所触的人与物。

我仍记得，1977年1月，我怀着怎样的心情从电话簿里发现，与"青年运动"（Jugendbewegung）时期的本雅明过从甚密的赫伯特·布鲁门塔尔·贝尔莫尔（Herbert Blumenthal Belmore），就住在我的百合巷工作室旁百米多远的地方。我立刻动身拜访他，而就在他位于索拉街的公寓里，有了我同本雅明的第一次物质的相遇：不过，与期待的不同，促成这场相遇的是布鲁门塔尔对昔日好友的满腔愤怒——或不如说，是他所拒斥的生恨之爱。本雅明在1917年唐突地打断了俩人自1910年来维持的友谊，对此，布鲁门塔尔的积恨在六十多年后仍难以释怀，他甚至怨念满满地告诉我，本雅明活该落得那一下场。然而，滋生此恨的爱想必也是热切，因为他悉心地保留着好友的书信，还有几份未发表的手稿，而令我尤为激动的是一本蓝色小笔记：里头，卡拉·塞利格森（Carla Seligson）用清晰的草体字迹抄写了本雅明在1933年匆忙从柏林逃往巴黎期间遗失的弗里茨·海因勒（Fritz Heinle）的诗歌。

"弗里茨·海因勒是个诗人，是我唯一不在'生命'中遇见，而是在他作品中遇见的诗人。他十九岁就死了，无缘深入了解……"[27]在"生命"中，本雅明于1913年的弗里堡遇见了海因勒，而他俩迅速达成的强烈友谊（"我们一夜间就成了朋友"），又在柏林随他们共同参与的青年运动得到了巩固。大战爆发之际，海因勒和他的未婚妻莉卡·塞利格森（Rika Seligson）一起自杀，而本雅明一生都在试着找回他的诗歌手稿并加以出版。可想而知，当时我怀着怎样的心情捧起那本小笔记并拿去影印，然后还给了布鲁门塔尔。当然，这些诗歌几乎难以理解，但也只能如此，因为写下它们的语言其实不是一种语言，而只是，如本雅明所谓的青春一般，"一种对所缺之伟大的悲悼"[28]。而一切悲悼，事实上，都趋于语言的缺席，邻近缄默。但在本雅明看来，正是这构成了其诗歌的格外之伟大。

> Der Dichter und die Langeweile
>
> Der Dichter:
> Tief geehrt und hoch berufen
> was vermiss ich, der erschafft
> Tönend von erhöhten Stufen
> sehnend in verbrachter Kraft.
> Bilder kamen Bilder fliehen
> Doch mit einmal endlos nah
> Fühl ich tief ein Gähnen ziehen
> Wie denn, wie ein Leid geschah.

在海因勒那里，有某种东西，类似于一种遭受遗忘的顽固意志。不只是本雅明没能找回遗失的手稿，1979年夏，当我在阿斯科纳遇见肖勒姆，并立刻告知他，我重新发现了诗作时，他告诉我，他知道布鲁门塔尔保存着诗作，尽管在《一个友谊的故事》（*Storia di un'amicizia*）里，他似乎觉得诗作已经遗失。既然无法证明他想有意隐瞒，诗作遭受的遗忘也就不好解释。而在布鲁门塔尔去世后不久，他的遗孀把我叫了过去，因为在动身前往英格兰之前，她希望把她丈夫保存的本雅明文稿脱手掉，而在我一直拥有的文稿中，卡拉·塞利格森抄写了诗歌的那本蓝皮小笔记恰好不见了,所幸我已把诗歌转抄下来。尽管我坚持不懈,但要找回它已无可能。

在他论陀思妥耶夫斯基的《白痴》(*L'idiota*)的文章中,本雅明唤起了他朋友的形象,他写到,梅什金公爵的生命不需要纪念碑或怀念就能保持不可忘却,并且,即便没有人为之证明,它也仍不可忘却。[29]

在这里,不可忘却之物并非以不朽的方式寄存于记忆档案的东西。相反,真正不可忘却的东西,不仅要求不被忘却,哪怕无人记得,而且首先要求被铭记为忘却了的。灵魂同它总已忘却的东西保持的关系比一切记忆还要深刻,因为它不管怎样都无法被铭刻于回忆的领域。不可忘却的是生命本身:身体时时刻刻履行着生命的无限运作,却不可能对它有任何意识或记忆——不可忘却的是一位年仅十九岁的诗人在1914年8月8日的柏林夺走的这"无形无状"的生命。

于是,在我所到之处,我开始尽我所能地追随本雅明的足迹,首先是在1980年2月的巴黎,当时我遇见了让·塞尔兹——他向我提议出版1932年8月至1934年4月他与本雅明保持的通信——还有吉赛勒·弗罗因德（Gisèle Freund）。尽管有些保留（当我有些问题想咨询他妻子时，他毫无理由地拒绝向我透露她的地址——后来，我猜测，她就是本雅明在伊维萨岛上迷恋的女子），塞尔兹还是慷慨地提供了不少信息，而吉赛勒·弗罗因德对她自己和摄影有那么多精彩的话要说，以至于我很快就放弃了让她谈本雅明。我只是后悔自己没有听从她让我去拜访海伦·赫塞尔（Helen Hessel）的建议（我的一本小册子上仍记着地址：赫塞尔夫人，

勒克莱尔将军大道 19 号，电话 3311719）：多年后，我读到了后者的日记，惊叹不已。

不久后，我到卡普里岛探寻，多亏耐心的询问，我确定了本雅明 1924 年居住的房子。这栋小建筑属于冯·魏克斯库尔（von Uexküll）男爵夫人的别墅，而那位天才的动物学家关于蜱的世界的理论后来还让我思考颇多。凭借相同的执念，我拍下了本雅明在巴黎的住所照片，直到那时我才开始明白，在生命足迹的这般追随里，有某种不健康的东西，因为那一

生命无论如何已经——像所有生命一样——逝去,永远。

然而,不到两年后,第二场更出人意料的相遇在巴黎的国家图书馆发生了。本雅明如此频繁地出入巴黎,以至于《拱廊计划》(*Passagenwerk*)的构想就带有这个地方的烙印。我曾在别处说过,当我在巴塔耶的通信中寻找本雅明的踪迹时,我无意间发现了一封信,它提到了本雅明的手稿。时任国家图书馆管理员的让·布鲁诺(Jean Bruno)的一条旁注明确指出,那些手稿就在图书馆内。我花了好些时间说服手稿部

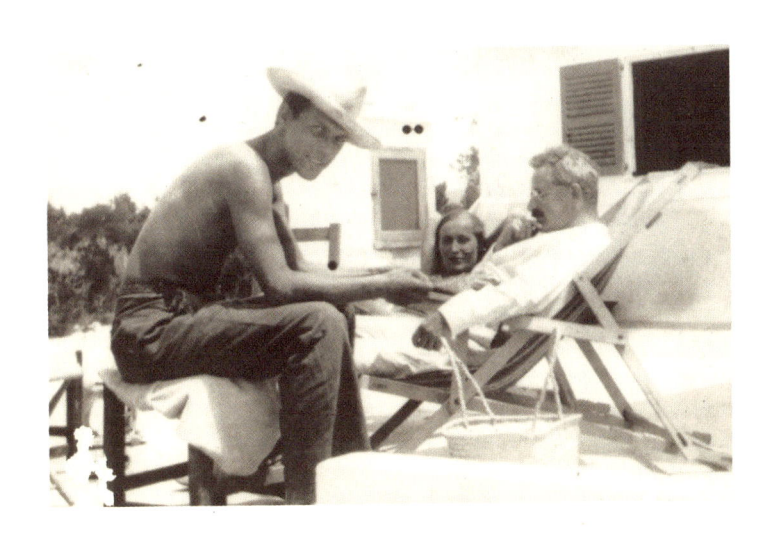

的管理员：手稿一定存放于国家图书馆，对此，管理员一开始并不相信。事实上，手稿被埋在其他未经清点的宝物当中，而在那个巨大的柜子里，我数月后得知，图书馆还保藏着一些不归它所有的手稿，因为它们属于临时寄存（在此情况下，它们归巴塔耶的遗孀所有）。

1981年6月的一个早晨，我怀着恐惧和战栗，以及抑制不住的喜悦，看着管理员把五卷厚重的泛黄文件放在我的桌子上，里头装满了手稿：从1930年代的《柏林童年》（*Infanzia berlinese*）一直到本雅明生命最后两年里写的论波德莱尔的书。再一次，通过他细小又优雅的字迹——当他用法语写时，字迹清晰可读，但如果用德语，则难以辨认——本雅明以切实可感的物质形式出场了，仿佛他亲手引领我穿过四十多年前他待了那么久的房间。

在巴黎的最后岁月里，本雅明的生活如此贫困，以至于买不起纸。许多笔记都写在信的背面，他把那些信裁下来用。比如让·瓦尔（Jean Wahl）约他在丁香园餐厅与廖内洛·文杜里（Lionello Venturi）一起见面的这封信，有一半就被他拿来写笔记。

我欠本雅明什么？这是一笔无法估算的债，就连粗略的回答，我也做不到。但有一样可以肯定，那就是从他的历史语境中强有力地抽取并夺得我所感兴趣之物，以使之重获生机并在当下活动的能力。为了实施这一操作，必须注入文献学的全部谨慎，但也得下定决心并坚持到底。不然，我对神学、法学、政治学、文学的涉足就没有可能。

在这个意义上，本雅明是我想要在我精力的范围内，毫无保留地继续研究其作品的唯一作者。不是因为我从他的写作中看到了某种类似于遗产的东西，它被专门传授给我，并迫使我以某种方式将其收集起来。不仅，就像汉娜·阿伦特提醒的那样，我们的继承没有任何的遗嘱可依，而且，谈论一份遗产，不管是已收下的遗产，还是待转让的遗产，对我们都不再有什么意义。本雅明的著作显得如此特别的地方在

Zum Begriff der Vorgeschichte des neunzehnten Jahrhunderts

"Hommes du dix-neuvième siècle" Einleitung zur
deterministischen Schrift Blanquis
Vorgeschichte des neunzehnten Jahrhunderts als dialektisches Bild
Antithese aux chatoyants zu S's begriffener Dialektischer Bilder
Vorgeschichte des neunzehnten Jahrhunderts und Durchschnitts-
Zeit (das Leben der Boulevards)
Verhältnis des Neuen zu Ihresgleichen zur Vorgeschichte
des Neuen und dementsprechende des dogmatische Aufklärungsformen des
neunzehnten Jahrhunderts

—————

à 9 h. — 9 h. ½, à la Closerie des Lilas, — M. Crosque
Lionello Venturi viendra aussi. — Si vous ne
pouvez venir tôt, vous pouvez toutefois encore venir
11 heures. — et vous serez très contents de
voir étagez, — moi je ne pour vous les dedans.

Jean Wahl.

Si nous n'étions pas dans la 1ère salle, nous
serions dans la seconde —

于，他毫不犹豫地同一切遗产决裂，同文化的理念本身决裂。他渊博的学识是如此深刻，以至于能时刻找回野蛮的纯朴。这就是为什么，在文化史中，他尤其看重残片碎屑，他能够像野蛮人一样，把它们变成他想要的样子——而他用来取代未来之期待的，与其说是过去的希望，不如说是一个打断了所谓的历史连续性的姿势。如同伊里奇，他绝不允许未来的影子笼罩那些被他用来思考当下和过去的概念；而我们，也像他一样，为这样一种人性写作：它不抱什么期待，也没有什么可供我们期待——因此，我们无论如何不会错过我们与它的相会。

夏夜，当我凝望天宇，本雅明如今就是我眼中的一颗星，我与之低语交谈——不再是一个向导或一个典范，而是某种像守护神或天使一样的存在，我把自己的生命托付给他保管。有时，我若呼唤他，他会漫不经心地，想起来照看。

本雅明在20世纪初德国文化中的位置，只有与格奥尔格圈子（George-Kreis）联系起来，才能得到理解。格奥尔格圈子以一枚徽章的方式浓缩了那些佼佼者的命运：他们

Kapitel

I de arte poetica   der freie Schriftsteller
II Lutetia Parisiorum   die Masse
III taedium vitae   die Novität

I Spleen et idéal   Idee und Bild
II Tableaux parisiens   der Einsame und die Masse
III La mort   das Neue und Immergleiche

I Zeit und Ewigkeit
II Antike und Moderne
III ~~Neue~~ Das Neue und Immergleiche

都从德意志的名字里认出自己。该圈子的标志性人物——贡多尔夫（Gundolf）、沃尔夫凯勒（Wolfskehl）、康托洛维茨（Kantorowicz）和经济学家埃德加·萨林（Edgar Salin）——是犹太人的事实构成了这枚徽章最幽暗的一面。我一直对这些犹太人通过德意志寻求重生的做法感到惊愕——仿佛那是格奥尔格的"秘密的德意志"，而其本质就是德意志的语言和诗歌。令我同样不解的是，在同一时期的岁月里——当时希特勒正酝酿他对犹太教的看法——罗森茨维格（Rosenzweig）和布伯（Buber）已实现了对《律法书》（*Torah*）的德语翻译，这在肖勒姆那样的锡安主义者看来，只能理所当然地——至少——显得不合时宜。

在锡安主义和格奥尔格圈子之间，本雅明的位置变得无比清晰。尽管他从格奥尔格的诗歌中认出了预言的品质，尽管他意识到这一学派能催生一些杰作，但他也清楚地看到，以格奥尔格的诗歌为庇护进行的重生注定归于死亡。"这片土地，"他在一篇被意味深长地题为"反对一部杰作"（Contro un capolavoro）的评论里写道，"只有经过净化才能再次成为德意志，但不能以德意志之名进行净化，尤其不能以那个'秘密的德意志'之名，它说到底不过是官方德意志的军械

库，其中，魔法斗篷就挂在钢盔边上。"一旦恢复沃尔特斯（Wolters）在《统治与效忠》（*Herrschaft und Dienst*）及1929年出版的诗人纪念传记中开动的政治化的礼拜装置，格奥尔格就总在圈子里以"国家"（Staat）之名被提及，这暴露了把两个德意志统一起来的秘密纽带。而我一直觉得，1944年7月20日，一位来自格奥尔格圈子的军官（克劳斯·冯·施陶芬柏格 [Claus von Stauffenberg]，我在威尼斯的书架上存放着一张他年仅十七岁的照片）对希特勒发动的袭击注定失败，就暗示了那一勾结。

本雅明在其评论中反对的"杰作"是马克斯·科莫雷尔（Max Kommerell）的《诗人作为德国古典文学中的领袖》（*Der Dichter als Führer in der deutschen Klassik*）。科莫雷尔或许是20世纪唯一可与本雅明相比较的批评家。只有离开格奥尔格圈子后，科莫雷尔才写出他最好的作品——关于克莱斯特的惊人论文（《诗人与难以言说之物》[*Il poeta e l'indicibile*]）和关于让·保罗（Jean Paul）的书——这并非巧合。他身上让我立刻着迷的地方在于，他的思想，和本雅明的思想一样，倾向于得出一种关于姿势的学说——不是作为意指元素的姿势，而是作为纯粹表达元素的姿势，它既显现于语言（作为"语言姿势"的诗句），也显现于面容。

姿势是某种不以交流为目的的东西，因为"甚至一张从来没有被见证过的脸也有它的拟真"[30]，而在一张脸上铭刻得最深的姿势恰恰向我们讲述着其孤寂时刻的故事。如果言语本身，对科莫雷尔来说，就是一个姿势，甚至是本原的姿势，那么，这也意味着，语言的本质在于一个非交流的时刻，一种为人类的言说之存在所固有的缄默——因而，人在语言中的栖居不仅朝向信息的交换，而且首先是姿势的和表达的。

由此，通过与本雅明的"纯粹手段"（mezzo puro）的观念相联系，就产生了我在《关于姿势的笔记》（Note sul gesto）中尝试建立的姿势理论，直到今天，我还继续反思着它。理解姿势的首要条件是清楚地区分意指的时刻和表达的时刻。表达是意指关系（"这个意味着那个"）的悬置，这样的悬置，在其拆除意指关系的行动里，让表达本身得以展露。姿势所展示并带给表达的东西，不是不可言说之物，而是言语本身，是人的"在语言之中存在"（l'essere-nel-linguaggio）。所以，它没有什么本然地要说的东西。我从中提取的哲学定义在我看来仍有说服力：如果"在语言之中存在"不是某种能用语句和命题来传达的东西，那么，姿势就总是一种在语言中摸不着头脑的姿势,总是一个本然意义上的塞口(gag):它首先是指人们用来堵住嘴巴、阻止说话的物件,然后才是演员为了掩饰自己的忘词而采取的即兴表演,一种言说的不可能性。"每一部伟大的哲学文本都是一个塞口,将语言本身,将在语言之中存在展露为一场宏大的失忆,展露为一种不可救药的言语缺陷。"[31]

那么,姿势也是普尔奇内拉(Pulcinella)鸡叫一般的声音,它不是一种声音,而是,如英国木偶师所说,一种"未知的语言",一种技巧。为此,就像布鲁诺·莱昂内(Bruno Leone)向我展示的,木偶师要把皮韦塔(pivetta)塞到口腭深处,那是一种卷盘,由两片被线固定住的黄铜组成,有时木偶师还会把它吞下去。普尔奇内拉的声音——姿势——表明,当言说不再可能之际,仍有某物可说,正如他的插科打诨表明,当一切行动变得不可能之时,仍有某事可做。

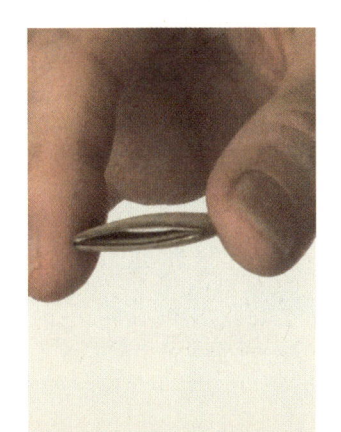

在格奥尔格圈子里，诺伯特·冯·海林格拉特（Norbert von Hellingrath）是我一直以来毫无保留地欣赏的那个人物，他二十八岁就阵亡于凡尔登。自1909年荷尔德林的晚期颂歌及其翻译品达的手稿在斯图加特图书馆被发现之后，人们就该感谢他对荷尔德林诗歌的编纂，尽管这份工作未能顺利完成，但它对整整一代人产生了决定性的影响，不只是在德国。但如果我觉得他格外亲近，那不如说是因为他在有关荷尔德林的讲稿中表达了他对诗歌的非凡理解。借用亚历山大学派对"质朴的连接"（harmonia austera）和"精雅的连接"（harmonia glaphyra）的区分，他从前者（他称之为"生硬的衔接"[harte Fügung]）那里认出了荷尔德林晚期诗歌的特征。他所定义的生硬衔接与其说是并置（paratassi），不如说是通过顿挫和跨行的增多实现的一

种趋势，即让词语在话语中脱离其语义的语境，进而将其恢复至名称的地位。"生硬的衔接，"他写道，"竭力强化词语本身，将它印刻于听者的耳朵，并使之尽可能地脱离其所属的意象和情感的相关语境。"这意味着，荷尔德林的晚期颂歌被一种反语义的张力所贯穿，它让意义崩塌，以重返纯粹的言语，重返那切断了一切语义关联的名称。在其《俄狄浦斯》（*Edipo*）的翻译说明里，荷尔德林也谈到了一种停顿或"与节奏相逆的休止"：通过减慢词语和意象的承继速度，它"显现的不再是表象的辗转变灭，而是表象本身"[32]。和"顺畅的衔接"（glatte Fügung）中发生的情形——词语一起滑动并在话语的语境内彼此协调——相反，在这里，诗句被还原为一连串的休止和断奏，被化作一片废墟之地，从中浮现出单个的词语，有时甚至是简单的连词（比如，在凶猛的孤立中出现的转折连词，"但是"[aber]）。

两种衔接的对立不仅适用于荷尔德林：它还把诗歌语言构形为一个充满张力的领地，其中涌动着两股相反的潮流，一股潮流走向名称，另一股将词语捆绑并扣留于话语关系。所以，可以根据诗人身上占主导地位的连接（harmonia）

类型来区分诗人：一类是颂歌——它总是对一个名称的赞颂——而另一类是哀歌，它哀悼颂歌的不可能性，悲叹名称的衰败。质朴连接的行家里不乏十分伟大的诗人：从品达——他是古人眼中质朴连接的冠军——到阿尔诺·达尼埃尔（Arnaut Daniel）——他的六节诗不过是六个名称的螺旋式盘绕——还有马拉美，在《骰子一掷》（*Coup de dés*）的纸页上，他把词语的孤立推至难以辨读的播散境地。

对于哲学的语言，也可做类似的考虑。其领地被分成两半，一边是名称哲学家——以柏拉图为始祖：理念不过是"名称本身"——另一边是话语哲学家，聚集在亚里士多德的庇护下，后者执着地把特权赋予了命题论的逻各斯（logos），它可真可假（而名称，按定义，逃避了这样的二分法）。对一些人来说，关键是让话语的潮流汇入名称的港湾（在这个意义上，柏拉图的对话就是一套复杂的装置，其目的是从密集的论辩交流中发现名称 [onoma]，也就是理念的力量：美，正义，善……）；相反，对另一些人来说，关键是在话语的节奏中消解并清除名称。

无论我应该与怎样多变的写作策略相较量，我都会毫不犹豫地把自己归为质朴和谐（armonia austera）的信徒：我们被赋予语言不只是为了就某些事物说点什么,语言首先是朝向名称的张力,是名称对逻各斯那无尽的话语罗网的挣脱。

在威尼斯的书架上,我在吉奥乔·帕斯夸里(Giorgio Pasquali)的书旁放了一张他的照片:他用一个姿势凝固了其弟子们所见证的那份精神的快乐。这位作家和他的文字一样怪僻,他当然是20世纪最重要的一位意大利作者,在我看来,他象征着我最根深蒂固的那一欲念——语文学,而我从来没法把语文学和哲学分开。在1921年的一封信里,本雅明把它比作一种苦修的技术,正是它允诺了新柏拉图主义哲学家在冥思中追求的愉悦。语文学家以神秘的方式加以沉思的东西当然是语言,尤其是,根据本雅明的说法,术语,也就是,被诗人的质朴和谐孤立出来并得以突出的方面——名称。因此,在形式上达至极致的语文学类似于一种魔法实践,它会"用魔咒迷住研究者",让他忘记其研究对象——文本——所处的历史语境,尽管文本为了变得可以理解,必须在那一语境中得到建构。

对帕斯夸里而言,以无法进入的、几乎魔法一般的原初状态保持不变的文本和把这个文本遗留给我们的传统历史之

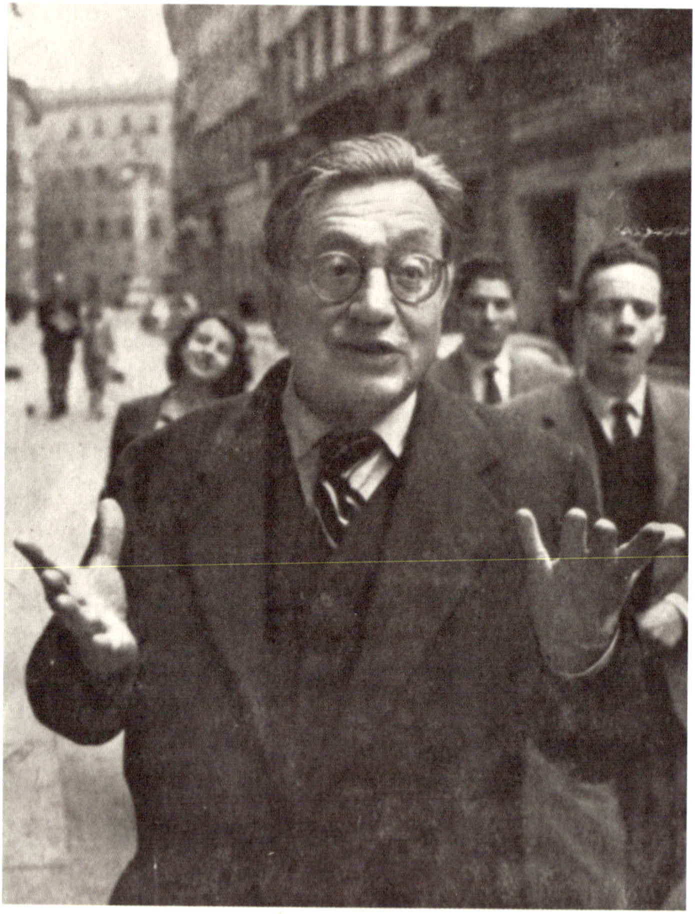

间的辩证法，恰恰构成了语文学的意义。在这个意义上，其杰作的标题"传统历史与文本批评"（Storia della tradizione e critica del testo）显得意味深长：只有对那个把文本传递给我们的传统进行批判性的认识，我们才能进入我们想要阅读的文本；但这样的文本并不是——或几乎从来不是——原初的文本，而是我们面对其传统的活生生的历史，逆流而上所获的结果。在拉赫曼（Lachmann）的系谱（stemma）里，语文学家追溯的无数不同手稿的原型（archetipo）并非本原（originale），本原本身已被篡改和曲解，而正是通过比对诸多手稿所共同遭受的曲解，它们的原型能够得到定义。

由此，在我看来，就有语文学家给出的无与伦比的政治教益。他教导我们：我们无一例外地，通过历史传统，接收了我们的文化——正如接收了我们的语言——但那一传统总已被有意或无意地篡改和曲解了。即便面对一些不那么久远的文本，我们掌握了作者的真迹，那些真迹——正如持有它们的人知道的——也包含了作者的多个不同的版本，而为了在这些版本之间作出选择，就必须再一次大胆地步入一种语文学的实践。其实，本原并不位于过去，而是在当下找到了它的位置，就在那个瞬间：语文学家——或每一位具有政治意识的读者身上必定存在的语文学家——与传统展开了短兵相接的对抗,海德格尔不无道理地称之为一场毫不留情也毫无保留的"毁灭"。

对我来说,帕斯夸里阐释的语文学原则——比如,艰涩阅读(lectio difficilior)的原则——具有一种真正政治的含义。"Difficilior et obscurior lectio anteponenda est ei, in qua omnia tam plana sunt et extricata, ut librarius quisque facile intelligere ea potuerit." 稍做调整,翻译如下:"最艰涩也最隐晦的教导必定优于那些把一切说得如此简单又明白,就连随便一个傻子也能毫不费力地理解的教导。"

阅读帕斯夸里关于柏拉图书信的著作——那是他死前不久重新开始的研究——让我进一步确信了《第七封信》的真实性,在这篇无可比拟的文本里,那个曾写下卓越的雅典散文杰作的人竟毫不保留地声称"我所醉心研究的这些主题[……]我肯定没有写过关于它们的书,今后也不打算这样做"[33],并且,对一位严肃的作者来说,他所写的东西不能被真正严肃地对待。而在一部晚期的作品里,他又把他的对话比作悲剧,并宣称自己具有诗人的品质("我们自己就是悲剧作家[……]你们是诗人,而我们也是同样类型的人,是参加竞赛的艺术家和演员"[34])。对古人来说,这一诗学意图是如此地明显,以至于他们的编纂从一开始就像对待悲剧一样,以四联剧的方式整理柏拉图的对话。

一个没有提出诗学问题的哲学家不是真正的哲学家。不过,这并不意味着,哲学写作必须诗化。它不如说必须包含一种消逝的诗学写作的痕迹,必须以某种方式展现诗学的告别。柏拉图的做法是创作一部宏伟又奇妙的文学作品,然后声称它没有任何严肃的价值,且每次都有意用滑稽剧和喜剧来玷污悲剧。而对再也没法写出对话的我们来说,任务还要艰巨。如果写作总是背叛思想,如果哲学没法简单地抛弃言语,那么在写作中,哲学家就不得不寻找言语消失于声音的时刻,不得不着手从每一个话语中,猎寻从未被写下的声音——理念。理念正是意指的语言在名称中遭到废止的时刻。而这种每次都同意无言地面对声音并无声地面对语言的写作就是哲学的写作。

我几乎一直住在不属于我的房子里,事实上,我还不得不经常离开它们。我纳闷,从过去到现在,我究竟是如何做到在不同的工作室里写作并在多个地方生活的。这当然是如此无根的时代精神要我额外承担的义务——但我觉得，它们其实构成了一间独一无二的工作室，散布于时间和空间。所以——尽管有时我一觉醒来，茫然不知身在何处——我还是能够从历经变动、布置不一的环境里，认出相同的元素和物品。科西尼大街的工作室里，遗留着百合巷工作室的一些家具和照片。我用来保存已发表的作品档案的五斗柜在两个地

方保持不变。有时，查找一本书时，我感觉自己找回了昔日的一些姿势，它们证明，工作室，作为潜能的图像，是某种乌托邦式的存在，将不同的时间和地点聚于其中。

科西尼大街工作室的五斗柜上放着的普尔奇内拉小道具属于托托（Totò），而戈弗雷多·福菲（Goffredo Fofi）把它赠给了我。我同意大利即兴喜剧的角色，尤其是同普尔奇内拉建立的关系由来已久，以至于无法从年代学上追溯。通过成文的记载和留存的图像——从华托（Watteau）到蒂耶波洛（Tiepolo），从卡洛（Callot）到马尼亚斯科（Magnasco）——可知，阿尔莱基诺（Arlecchino）、斯卡拉穆恰（Scaramuccia）、普尔奇内拉、科隆比娜（Colombina）和其他意大利即兴喜剧的角色都触及了一个无与伦比的伦理维度，比悲剧向现代道德传达的那一维度还要自由、还要深刻。既非有血有肉的个体，也非单纯的类型，他们永久地摆荡于现实与虚拟、生命与梦幻、独一与普遍之间。如果在悲剧里，借用亚里士多德的话说，人物不是为了模仿性格而行动，而是为了通过性格来承担行动，并由此对其行动负责，那么喜剧人物则相反，他行动只是为了模仿性格，以至于他的行动最终变得无关紧

要，与他毫不相干。因此，行动变成了插科打诨，其目的只是让角色摆脱一切责任的归咎。普尔奇内拉从不经历生命的事件与插曲，他不被情节所困——他不如说只经历其生存的不可能性，这是他的至福，正如他的姿势永远与行动格格不入，而他的言语始终游离于一切意义的交流。所以，根据本雅明的说法，喜剧角色用明朗的人性无罪观来反对阴沉的造物有罪论。

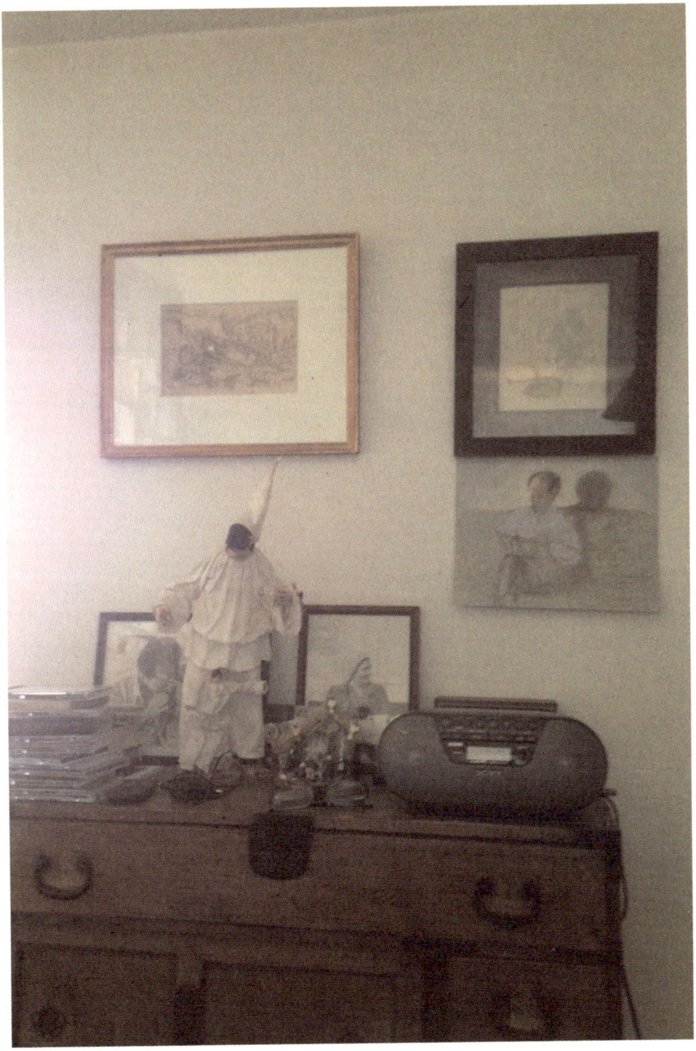

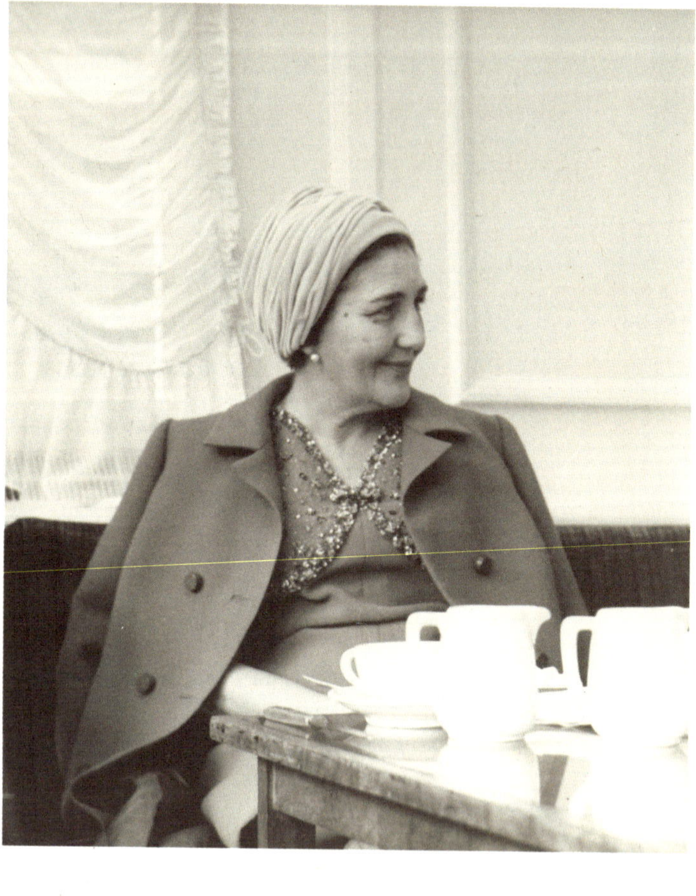

（由一位年轻的那不勒斯工匠亲手雕琢的这尊普尔奇内拉木偶，此刻就放在我威尼斯工作室的日式木柜上，摆在本雅明的照片和我母亲的照片之间。）

在百合巷工作室的壁炉上，放着提香的《宁芙与牧羊人》（*Ninfa e pastore*）。1980年夏，我曾在维也纳的艺术史博物馆见过这幅画，多年后还写到了它。在画边上，可以看到一张明信片，印的是乔瓦尼·塞罗迪内（Giovanni Serodine）的一幅现存于米兰昂布罗修图书馆的漂亮油画。或许是受到了画作前景里分散摆放的乐器的暗示，这幅画在图录里的标题名为"科学的寓意"（*Allegoria della scienza*）。

不过，在我看来，具有一切决定性意义的东西是这个女性形象的姿势：她毫不含糊地，让自己的嘴唇伸向她右侧乳房中挤出的乳汁。所以，这是一个自我滋养的寓意。柏拉图曾在《第七封信》里谈到灵魂的这一自我滋养。当时，他提醒狄翁的朋友们，他所醉心研究的学说无法像其他学问一样见之于文字，[35] 而是只有经过长期的言谈并与之共同生活后，它才像一团火焰中诞生的光芒一样,突然在"从此滋养自己"(auto heauto ede trephei)的灵魂里点亮。

如此的意象拥有一段漫长的、时而沉闷的血统。但滋养自己意味着什么?一束自我滋养的光芒是什么,一团不需任何燃料的火焰又是什么?我认为,这些意象涉及灵魂与其自身之热情的关系,与燃烧它的东西的关系。火焰滋养自己意味着,一旦越过某一界限,灵魂就成了那团燃烧它的火,灵魂与火同一。为此,塞罗迪内选择了一个如此简单又物质的形象——母乳——这并非偶然。在滋养的过程中——不论是精神的还是肉体的滋养——有一道门槛:滋养会调转方向,回到自身。只有在某一刻,当养料不再异于我们——就像人们说的——当它被吸收(assimilato)了时,养料才能起到滋养的作用;但这——恰恰在同样的程度上——意味着,我们自己也被它所同化(assimilati)。认知的光芒也是如此:它总是从外部迸射,但最终,内部与外部达成一致,再也没法区分。到了那一刻,火焰就不再消耗我们,它"从此滋养自己":就像提香在圣萨尔瓦多教堂的《天使报喜》(*Annunciazione*)底部写下的,"燃烧而不被烧尽的火焰"(ignis ardens non comburens）——这一次，它寓意着创造的行为。

1988年2月22日，当我开始我在马切拉塔大学的教学，并开设了一门关于海德格尔的课程时，我还住在百合巷的工作室里。在马切拉塔度过的时光显得格外鲜活，因为教学本身（以及，归根结底，学生们）让我受益匪浅，而这样的见习也构成了我不辞劳苦地教学的唯一理由。我同我的一帮学生一起，创办了一家出版社，那里偶尔也会发表我的作品。1990年，我还在马切拉塔遇见了斯特凡诺·斯科达尼比欧（Stefano Scodanibbio）。通过重新发明泛音的用法，斯特凡诺恢复了低音提琴本身的声音，在那之前，他说，这样的声音总被结结巴巴的外来声音吞没。但只有亲眼看到斯特凡诺演奏的人才能证实，在最闻所未闻的新颖性的中心，突然冒出了一个古老的维度，仿佛对他来说，低音提琴就是西伯利亚萨满引领动物祭品踏上的那条"天国之路"。仿佛他的整个身体和整个低音提琴融为一个远古的存在，严厉又凶猛，而音乐和舞蹈就在里头找回了其原初的统一。我们曾一起为他的剧作——《人间天堂》（*Il cielo sulla terra*）——而努力，那部剧需要两位舞者、十五位孩童和十位乐手，为此，我还找来了亚莉珊德拉·吉尔贝特（Alexandra Gilbert），她是一名出色的舞者，我曾在希迪·拉比·彻卡欧（Sidi Larbi Cherkaoui）于柏林上演的《信仰》（*Foi*）中见过她的裸舞。

在斯特凡诺过早地离世之前，同他，还有玛蕾萨（Maresa）结下的友谊一直陪伴着我。那些夜晚，在波伦扎的房子里，他烹煮着他钟爱的帕西拉辣椒，后者赋予了面食一种令人难忘的木头和葡萄干的香味。而在世界各地——他从未厌倦旅行（或别的任何事情），尤其是他的墨西哥：1995年，他让我见识了墨西哥，并且，他想要，最终，死在那里。

不知为何，当我回忆斯特凡诺时，我脑中就会出现十八岁那年在罗马爱乐乐团女经理家中与伊戈尔·斯特拉文斯基（Igor Stravinskij）的短暂相遇，当时那名女经理的儿子正在学钢琴，而我是他的朋友。趁着斯特拉文斯基来到罗马的机会，那位母亲请求他聆听她儿子的演奏，并恳请我待在她儿子旁边，以给他勇气。我忘不了这个身材矮小的男人，他年近八十，脸上却颤动着生机，他站着静静地倾听我的朋友演奏。我盯着这著名的音乐家——他显然对此类帮忙的请求感到疲倦——完全折服于他的才华，仿佛我游移的目光就度量

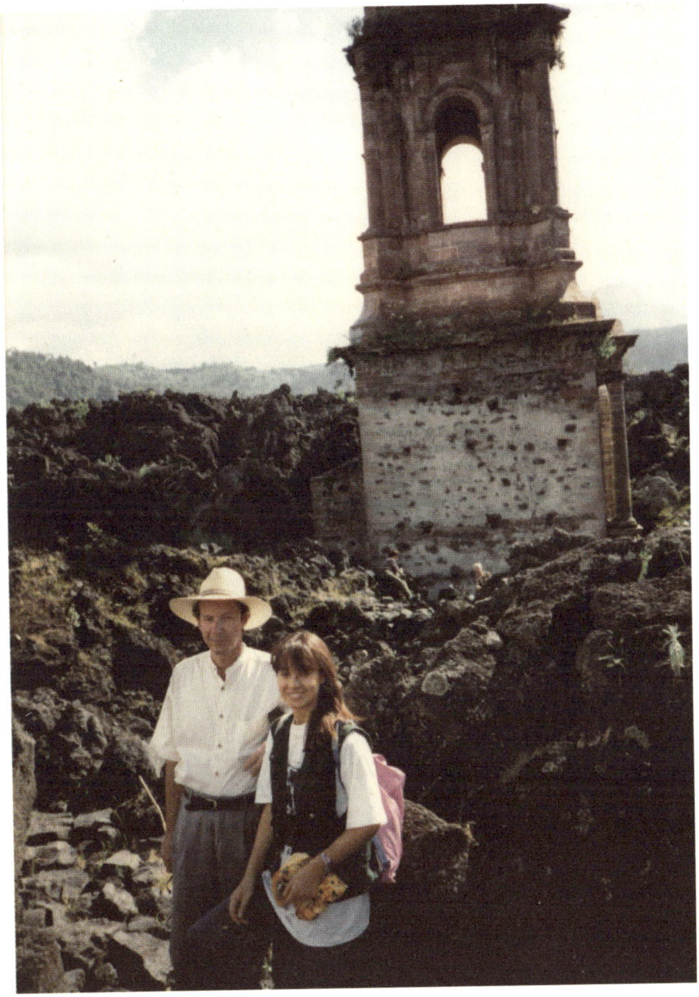

Und so drängen wir uns und wollen es leisten,
wollens enthalten in unsern einfachen Händen,
im überfüllteren Blick und im sprachlosen Herzen.
Wollen es werden. – Wem es geben? Am liebsten
alles behalten für immer... Ach, in den andern Bezug,
wehe, was nimmt man hinüber? Nicht das Anschaun,
das hier
langsam Erlernte, und kein hier Ereignetes. Keins.
Also die Schmerzen. Also vor allem das Schwersein,
also der Liebe lange Erfahrung, – also

lauter Unsägliches. Aber später,
unter den Sternen, was solls: die sind besser unsäglich.
Bringt doch der Wanderer auch vom Hange des
Bergrands
nicht eine Hand voll Erde ins Tal, die allen unsägliche, sondern
ein erworbenes Wort, reines, den gelben und blaun
Enzian. Sind wir vielleicht hier, um zu sagen: Haus,
Brücke, Brunnen, Tor, Krug, Obstbaum, Fenster, –
höchstens: Säule, Turm... aber zu sagen, verstehs,

着一道无限的距离，它分开了我和我自己，在等待中犹豫不决的自己。

关于马切拉塔的岁月，我保存了一些笔记，其中有桑德罗·M.（Sandro M.）抄录的柏拉图和亚里士多德、里尔克或荷尔德林的段落，虽然他并不懂希腊语或德语。那位少年，读不懂一门语言，就怀着狂热的虔诚，将其抄录下来，他的姿势令我肃然起敬。我总在想，这份固执又耐心的抄录里，藏着某种谜一样的东西，仿佛通过这纯粹文字的入门，桑德罗——或者，他身上的一个魔神（daimon）——就从那些文本中领悟了某种被我所遗漏的东西，而除了这名学徒的固执姿势，什么也不能将其清楚地表达出来。仿佛，以这样的方式，他与那些象形文字中记载的不可辨读之物相聚，而人所写的一切言语都源自并朝向如此的不可辨读之物。仿佛，再一次，真理只在其不可听闻之际得以表达，只在其无法读阅之时得以书写。

在威尼斯工作室的书架一角，有一张照片记录了1992年10月的一个午后，那是在塞维利亚的阿拉梅达咖啡馆后厅，我目睹了某件令我终生难忘的事情：两位出色的歌手即兴表演了"弗拉门戈庆典"（fiesta flamenca），一位是马努埃尔·罗德里格斯（Manuel Rodríguez），又名皮耶斯·德·普洛莫（Pies de Plomo），另一位是恩里克·蒙特斯（Enrique Montes）。前者是口语文化的完美典范（"我的出众之处，"他告诉我，"是意大利语"），后者则更为稳重、优雅。两人的歌唱风格迥然不同——但都达到了绝对的纯粹。渐渐地，欢快的氛围、哈来奥舞和曼萨尼亚雪莉酒让他们放开歌喉，仿佛歌声的发起不取决于他们；可一旦开动，歌手就再也停不下来，他们

进入了愈发密集的复杂对唱。他们热情满满,甚至在吉他手休息时,皮耶斯·德·普洛莫还进行清唱,用手指敲击桌子。

在场的任何人——他们最后告诉我——都从未见过如此令人亢奋的庆典,如此完整的连续歌唱。但我觉得,这场表演显得无与伦比的地方在于,它打破了那些悲惨的惯例。根据惯例,一种单纯又欢乐的共同体验不得不与表演分开,而一切值得亲身经历且只能如是得以分享的东西,都被变成了文化,并在观众面前的舞台上有偿地展示出来。

这就是为什么,我害怕音乐会和音乐节,这就是为什么,我越来越不渴望办讲座,这就是为什么,我永远忘不了阿拉梅达的这家小酒吧,正如我忘不了波伦扎的那些夜晚:斯特凡诺为我们烹煮完帕西拉辣椒,就拿起他的低音提琴,开始演奏。

在下一层书架的左侧,放着一张吉奥乔·科利的照片,他的作品,连同恩佐·梅兰德里(Enzo Melandri)和詹尼·卡尔基亚(Gianni Carchia)的作品,无疑仍是 20 世纪意大利思想的证明。而在电视上作为这个时代最伟大的哲学家抛头露面的其他人,绝对什么也没留下。

在科西尼大街的房子里,有两个玻璃柜保存着我收藏的配插图的旧童书。我收集这些书有好多年了,从 1960 年代中期开始,直到我意识到我必须停下来为止,因为和所有收藏一样,它会让人上瘾。这样的兴趣无疑始于我对一切和孩童有关的东西的特别癖好,而那一癖好就在同一时期的《幼年与历史》（*Infanzia e storia*）里找到了其理论的表达。

我恰好读过荷兰解剖学家洛德韦克·博尔克（Lodewijk Bolk）1926年出版的精彩小书《人类起源的问题》（*Il problema dell'antropogenesi*），它以绝对革新的方式洞察到了人属灵长动物"成为人类"的难题。在其比较解剖学的研究中，博尔克注意到，相比于成年的灵长动物，灵长动物的胎儿与人更为相似，也就是说，人体特征是永久化了的胎儿特征。"猿猴演化过程中的一个过渡阶段，在人身上成为发展的最终阶段。"博尔克将这一现象命名为"胎化"，并以此得出结论：从进化的视角看，人就是"一个获得了性成熟的灵长类胎儿"，而人类则是猿猴的幼年阶段的固化。

为了说明人的本质和命运（或命运的缺席），博尔克为胎化补充了另一个决定性的假设：延迟发展或抑制发展的假设。延迟的原则——博尔克写到——不仅支配着人作为物种的生成过程（种系发生），还支配着其个体生命的整个过程（个体发生）。没有一种哺乳动物像人一样如此缓慢地成长，或在出生之后那么久才长大成年。正因为人的发展如此迟缓，父母才不得不照看胎儿多年（而其他动物会相对早地抛弃胎儿），联合起来建造房屋和住所，逐渐地形成体外文明（civiltà esosomatica），将人类与其他物种区别开来。因此，胎化和延迟的假设不仅能够说明人体特征，还能解释人在动物领域的十分特别的历史，也就是，通过语言形成一种文化传统的典型的人类发展。体外文明弥补了人体的未成熟状态。只有一种注定处于持久的未成熟状态的存在能够发明出语言。（这尤其能说明一个奇特的事实，即语言学习一直与幼年状况有着根深蒂固的联系。）

我在配插图的旧童书里寻找的或许就是这一幼年状况的特殊意义的证据。正因为成年人试图摆脱自身尴尬的胎儿本质，他们才用谨慎又怀疑的眼光看待孩童，将他们软禁于一个特别的领域——托儿所与学校——在那里，他们不得不接受密切的看管和细致的教育，以遏制其危险的全能性。至少从历史的某一刻起，人就遗忘了一切朦胧之物怀有的恩典，将其胎儿的不确定性转变成一种命运和一种能够统治并摧毁世界的力量。所以，从这些书的插图里浮现的幼年世界会是一个目瞪口呆的宇宙，服从于成人持续不断的警觉，同时又

ALFABETO REGOLARE

A B C D E F G H
I J K L M N O P
Q R S T U V W
X Y Z

— Tutti i più grandi scienziati hanno cominciato così.
— Allora, disse la signorina Mimì, incominciamo.

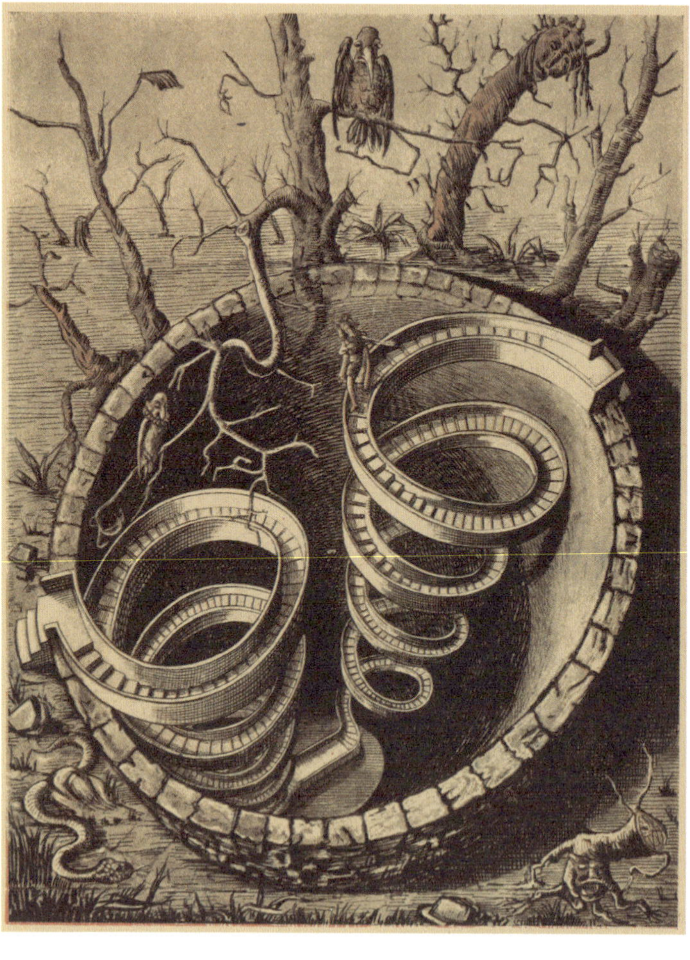

怀着罪疚，孜孜不倦地从中逃离。

这在识字读物里表现得格外明显。我收藏了许多不同语言的识字读物的样书。在这里，在孩童正要跨过文字世界的致命门槛的地方，他情有可原的踟蹰，他的恐惧，就暂时与他最终要掌握的言词的允诺及辉煌共存。不管怎样，即便不在识字读物里，孩童也总是惊得发呆或陷入麻烦，除非他沉溺于游戏或干一些极为残酷的坏事。他，就像现实中一样，是一个局外人，绝不和成人属于同一类别，哪怕这样的异质性——正如女性遭遇的那样——如今正逐渐地趋于模糊。

我最珍贵的藏书是《儿童日报》（*Giornale per i bambini*）最早（1881年）结集出版的第一版《匹诺曹》（*Pinocchio*），其中，匹诺曹最终没有变成一个诚实的孩子，而是悲惨地丧命，被两个凶手吊死："渐渐地，他的眼睛变得模糊；虽然他感到死亡临近，他还是希望随时有某个好心的灵魂过来救他一命。但他等了又等，没见任何人来，于是想起了他可怜的爸爸。'哦！我的爸爸，要是你在这儿！'而他再也没有力气说话。他闭上眼睛，张开嘴巴，伸直了双腿，剧烈地抖动起来，像冻僵了一样留在那儿。"

不过，我最喜欢的书或许是托马索·兰多尔菲（Tommaso Landolfi）的第一版《不幸的王子》（*Il principe infelice*），其中配有萨比诺·普罗费蒂（Sabino Profeti）的绝妙图画，那位画家也许从未存在过，因为他为人所知的作品只有这些插图。我仍拥有我童年时被赠予的那本样书，其中的插画必定对我的想象产生了如此强烈的影响，以至于我不得不将之收入第二版《散文的理念》。

兰多尔菲不断地为两个谜题而苦恼：偶然和语言。在《最大系统的对话》（*Dialogo dei massimi sistemi*）里——它是这些年来意大利文学的一个巅峰——偶然和语言交织成一首诗，其中，偶然希望其作者用一种不存在的语言，或用一种——说到底是一样的——只有他觉得认识的语言，将它写下："Aga magéra difúra natun gua mesciún…"但——就像《不可能的故事》（*Racconti impossibili*）中第一个故事表明的——各门语言的词汇其实都内含了一种无人——或几乎无人——认识的不存在的语言，而那正是诗歌的语言（类似于帕斯科里钟爱的死语言）。在同一时期，兰多尔菲在佛罗伦萨咖啡馆的一名伙伴，安东尼奥·德尔菲尼（Antonio Delfini），也追求同样的梦想,并用一首完全无法理解的诗来给《巴斯克的回忆》(*Il ricordo della Basca*)收尾(事实上,那首诗,我最终搞懂了,是用巴斯克语写的:"我亲爱的星辰 / 我迷人的……"[Ene izar maitea / ene charmagarria...])。以抗拒偶然的方式偶然地寻找一种不存在的语言——这就是兰多尔菲为之献身的机运的游戏。

在一本识字读物的某一页上——或许,这是匹诺曹为了去看木偶戏而出卖的东西——列着简单的音节(ba be bi bo bu, ca ce ci co cu, da de di do du,等等),它们为伊塔洛·卡尔维诺(以及,他之前的乔治·佩雷克

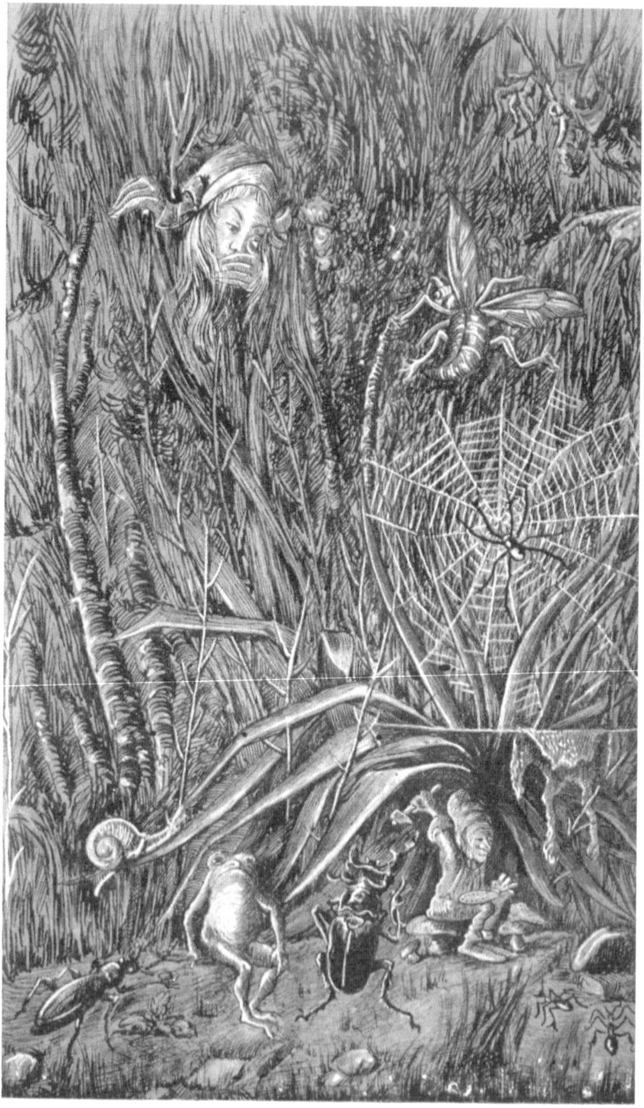

[Georges Perec])提供了素材,从中,根据鲁塞尔(Roussel)的范例,可以提取好些短小的逸事或趣闻。我记得,当卡尔维诺讲述他从 la le li lo lu 中提取的故事时,他如何自娱自乐:"尼采,用一根手指触碰自己的脑袋,向露·冯·莎乐美(Lou von Salomé)解释,他的本质品性是智性:'这儿,我长了翅膀,露!'[L'ale lí l'ho, Lu!]"如此的尝试完全反了过来——但本质是一样的:绞尽脑汁把意义赋予没有意义的东西——而不是从意义过剩的东西里夺走意义。

我常梦见自己找到了大书(Libro),一本绝对且完美的书——我们或多或少有意识地在各个地方,在各家书店,在各所图书馆,寻找了一辈子的书。那是一本插图书,就像我收藏的旧童书,并且,在梦里,我捧着它翻阅,不胜欢喜。就这样,我们继续不懈地寻找了多年,直到我们明白,这样一本书不在任何地方存在,而找到它的唯一方法就是亲自把它写出来。

在我的每一间工作室里,都有一张罗伯特·瓦尔泽(Robert Walser)的照片始终陪伴着我——在我自己的一本令我倍感

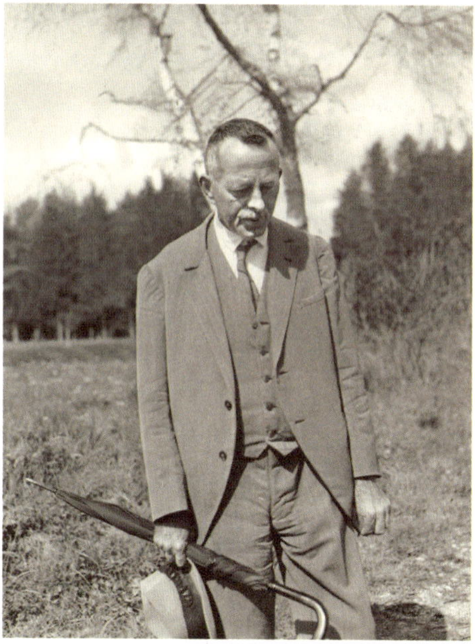

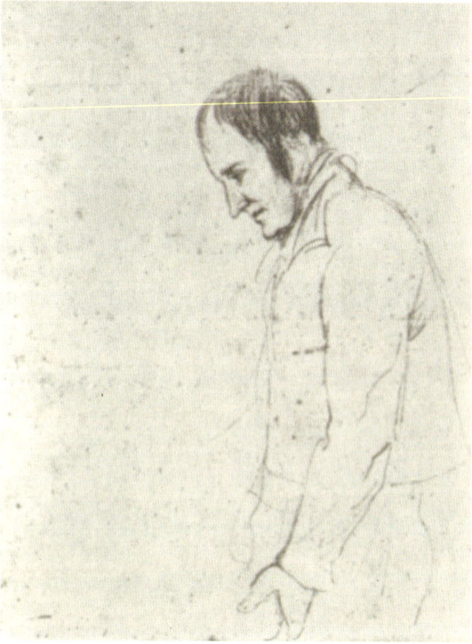

亲切的书中，正在到来（与此同时，也正在永别）的共同体的密码或示播列（schibboleth）就被托付给他。瓦尔泽的风格——他的样式主义——难以模仿，因为它悬于一道深渊之上，而这道深渊，至今无人能够探入，因为在此期间，它已成为我们所有人生活于其中的小公寓——虚无主义。但瓦尔泽笔下的人物，凭某种先验的平衡，顺利地行走于深渊的边缘，几乎在此翩然起舞。他们的样式乃是虚无的样式和姿势，是哑剧和马戏团的芭蕾舞，如同所有哑剧，它包含了一个秘仪的元素，那是纯然戏剧意义上的神秘。但在此秘仪中，没有任何启示的空间，没有任何原本就要传授的东西。所以，在这里，就像在卡夫卡那里一样，与虚无的共谋产生了某种喜剧的意味。正如声称自己"一无所有"的初出茅庐的玄学家只是反复说，"我当然愿意给你一些东西，要是我有一些东西的话"，瓦尔泽的散文最终不停地说，"我当然愿意教你一些东西，要是我有一些东西可教的话"——教育天职的这一彻底缺席就是其最艰难也最根本的教义。

根据一种老生常谈的描述，瓦尔泽——如同著名的班雅曼塔学校（Istituto Benjamenta）的学子——顺从且听话到了奴性和自我湮灭的地步，或者，就像瓦尔道的诊断报告所称，

"缺乏任何紧迫感","镇定,沉着,冷淡,漠不关心"。他无可挽回地迷失了,但他既没有记忆,也体会不到悲伤。相反,他似乎陷入了不可救药的快乐。他没有目的地写作,不是为了获得什么好处,而是"为了一只猫",就像他说的,那是"一类工厂或工业机构,作家们日复一日,甚至每时每刻,都忠心耿耿、兢兢业业地为之工作"。故事好比蝴蝶的翅膀,除了飞翔,别无用处,尽管也飞不高。

当然,瓦尔泽没有什么要改善或拯救的。但他的圣洁,如果可以谈论圣洁的话,来自一种对其周围之恶的如此纯净的看法,以至于这一看法——就像卡夫卡遭遇的那样——会被混同于一种毫无保留的共谋。但其实不是。他清楚地看见了——就像他之前的荷尔德林遭遇的那样——他所处的世界对他来说已变得完全不可过活。而这并非某种可以幻想着改变的事情。先知在告诫和揭发,但目睹了这个时代的恐怖采取了何种形式的人,再也没有谴责或声讨的意志。如今,我们的预言就属于这一类型。"知道了这么多,见到了这么多 / 以至于再也没有什么要说。"所以,他泰然自若地同意在一家精神病院里度过几乎三十年,正如他一声不吭地接受了这个世界用来鉴定他的诊断——"青春期精神病"和"紧张症"。

"我很喜欢待在一间病房里,"他十分清醒地写道,"你可以像一棵被伐倒的树一样躺在那儿,不需要动一根手指。所有的欲望都像玩累了的孩子一样昏昏睡去。你感觉自己就像在一间修道院里,或者在死亡的接待室里[……]。我认为,荷尔德林,在他生命的最后三十年间,没有文学教授们乐于向我们描绘的那般不幸。能在一个小角落里平静地胡思乱想,不必忙于应酬,怎么能算殉道呢。没有人在意你。"[36]1926年(在瓦尔道住院治疗前三个月)的一篇短小的散文说:"在他四十岁那年,荷尔德林认为失去理智是可取的,也就是适宜的……"

图宾根木匠家的塔楼和黑里绍诊所的小病房:这两个地方应让人陷入不知疲倦的沉思。在这些围墙之内实现的事情——两位无与伦比的诗人对理性的拒绝——是向我们的文明提出的最强力的抗议。再一次,用西蒙娜·薇依的话说:

只有接受了社会贬黜的最极端状态的人才能说出真理。

我同样认为，在我来到的这个世界上，我眼中可欲的一切，值得过活的一切，只能在一座博物馆、一所监狱或一间疯人院里找到其位置。对此，我拥有绝对的确信，但我没有瓦尔泽那样的勇气从中得出全部的结果。在这个意义上，我生存中未能发生的事实之关系，就和已发生的事实之关系一样重要，如果不是更重要的话。在我们的社会里，允许发生的一切无关紧要，而一部真正的自传应关注未发生过的事实。

"我跟班雅曼塔先生去沙漠，我倒要看看，在荒凉的沙漠里是否也能活人，是否也能呼吸，是否也能正直地做好人，也能做事，晚上也能睡个囫囵觉，是否也能做梦。嗨，都说些什么！从现在起我什么都不想了，也不想上帝？不！也不想。上帝与我同在，还需要想吗？上帝总和没有思想的人同在。"[37]

有段时间，我在威尼斯工作室的书架上钉了一张照片，拍的是一位正在撒尿的年轻女子。对此，我不觉得我渴望解释什么。我做不到——如今不可能做到，因为在我们的世界里，天堂与地狱处于同一位置，只短暂地分开过一个瞬间——而那个瞬间，我们始终无法察觉。正如本雅明所知，终末时刻的各种元素以含糊又荒谬的形式散布于当下。我们不该因此忘记它们——尽管我们有时觉得，对它们的想象或许并无必要。

不过，我还是想就此说点什么，哪怕是以一种历史性考虑的形式。撒尿属于生命的机能，根据亚里士多德在评论中采用的一个带有轻蔑意味的术语，它可被定义为"植物性"机能（亚里士多德厌恶植物，而在我看来，相反，植物是一种全面地优于我们的生命形式：它们活在永恒的梦中，以光为滋养）；对植物性生命和有感觉、有理智的生命进行区分的操作奠定了西方人类学机器的基础，也决定了其招致的全部福祸和全部成败。即便复苏技术让这样的区分在实践上成为可能，允许一具身体无止尽地悬于那样的停顿，对我来说，植物性生命仍无法与感受性生命区别开来，而撒尿完全与思考同质。

1971年9月至1974年6月，我住在巴黎雅各布街16号的一间工作室里，紧挨着瓦格纳曾经生活过的那栋房子。透过两扇大玻璃窗，可以看到另一栋房子的花园，美国作家娜塔莉·巴妮（Natalie Barney）偶尔还住在那里。她已九十多岁，在20世纪初的数十年间，她的女同性恋身份曾引起巴黎的愤怒，玛琳娜·茨维塔耶娃（Marina Cvetaeva）的《致亚马逊女战士的信》(*Lettera all'amazzone*)就是写给她的。我记得，1972年2月，她去世的时候，我曾看见一位老夫人在废弃的花园里焚烧一捆信件和明信片，那些东西想必属于她。但巴黎岁月给我留下的最生动的记忆无疑是同克劳迪奥·鲁加菲奥里（Claudio Rugafiori）和伊塔洛·卡尔维诺结下的友谊。

克劳迪奥或许是唯一对我产生了导师般影响的人物，大概是因为只有他好像不从任何地方来，也不往任何地方去。他杜撰别的地方（印度、中国），不是用来给他自己定位，而是为了抹掉一切可能的位置。他生活的物质环境——他过得不错：同一位比他年长的女子一起住在马扎然街——似乎和他毫无干系，就跟他的衣服一样，总是一成不变且颜色深沉（一套制服，他说）。相反，他无限的知识，总和一种生命的需求相连，就像《大游戏》(*Grand Jeu*)的那些作者——尤其是多马尔（Daumal）——对此，他用功颇深。根据这一

需求，他自在地遨游于汉学和《奥义书》（*Upanishad*），从阿尔托（Artaud）到马塞尔·莫斯（Marcel Mauss），遨游于斯宾诺莎的几何式拉丁语和《圣布伦丹航海记》（*Navigazione di San Brandano*）的克尔特幻想。学院派的一切抱负与他绝缘：他以萨满的方式，飞快地走遍其知识的无边草原，而指引他的罗盘，后来还被我的一位年轻朋友，埃马努埃莱·达蒂洛（Emanuele Dattilo），拿来与葛兰言（Granet）的"引人联想的独异性"（singolarità evocatrici）相比。"知识，"葛兰

A) FASCICOLO TESTO

captare (mdos)   4 parti   "la città del tutto"
                   2 metà
                   reciprocazione?
                   iterativo o gnomico

/a metà

INVENZIONE   ≠   CRITICA (immaginazione cr.)   "Parler c'est à la fois
                                                        agir et penser".(Mauss,
lo specchio   i mostri   a partire da Aristotele)
magico: pre-
sente, assente?   (invenzione = ripetizione
utile, inutile?   di una visione?)
(riflessione)   (rifrazione)   Gioia, non 'io cristallo'
                         o formalizzazione   (tipo cristallino).(Klee
                                                        oppure Spinoza)

VAGHEZZA   ------ ARCHITETTURA   "Comprendre. Voir."(Tzara)
ESTENSIONE   ------ SOPRAVVIVENZA   etc.

Riquadro del "poco" (il meno possibile): l'edu-
cazione.
(Riquadro : rifiuto di ogni cosa non "mentaliz-   EDUCAZIONE = "une sugges-
zabile", poi, una cosa alla volta = il meno   tion définitive"(Mauss)
possibile.) O da meditare o da spiegare.
                                                        leggi organizzatrici: in-
Paradigmi. L'esemplificazione. (Exemplum dici-   cominciare con esempi, non
tur quod sequamur aut vitemus.) – trattare di   con ipotesi (Klee)
una cosa, per poter illustrare tutte le cose.
                                                        etc.
Rubriche possibili:
1. La scrematura : le formule.
   oppure:
   La definizione (o la descrizione)

2. La crestomazia (commentata o meno). Testi e
   immagini (es. jeux de ficelle, diagrammi, etc.)
   oppure:
   Il testo e l'oggetto: la spiegazione (prope-
   deutica)

3. La critica (escl. di un testo 'pubbli-
   co; cioè scolastico, etc.)
   oppure:
   La lettura (di un'opera, come dialogo)

言在谈及中国时写道,"在于构建各种引人联想的独异性的合集"[38],也就是一些零碎但自身完满的总体性意象:它们属于一个总体,又绝不被简化为总体,而是无论如何将其总体压缩、浓缩为一个象征。不过,它们也只能以整体的形式被给出,从不能完全脱离其他与之有所交流的独异性而存在。或许,克劳迪奥本人("神秘的鲁加菲奥里":当我第一次跟伊塔洛·卡尔维诺提起这个名字时,他这样脱口而出)就是这么一个引人联想的独异性的合集,而通过一种必定会让其对话者大吃一惊的无法预料的紧迫性,他已时不时地显露了这点。

关于这个如此特别的认知方法,克劳迪奥寄给我们的文稿提供了一个再充分不过的意象。当时,我们和伊塔洛一起,开始筹备一个注定没有结果的刊物计划(近来,我和埃马努埃莱,还有埃莱尼奥 [Elenio] 和妮科莱塔 [Nicoletta] 一起,试着证实那一计划的现实性,以及随之而来的不可能性)。在刊物的核心话题里,就有我们所谓的"意大利范畴"(categorie italiane),它在一张文稿上表现为一系列对立:"含糊/建筑"、"发明/批评"、"延伸/遗存"(或者,在伊塔洛的《美国讲稿》[Lezioni americane] 里:"速度/轻逸")。关键的问题,再一次,不是实质的定义,而是确立并察觉类比的能力。我不清楚克劳迪奥是否知道恩佐·梅兰德里的著作《线与圆》(La linea e il circolo):多年后,那本书让我读得激情洋溢。同样,对梅兰德里来说,问题首先是把声誉还给一种被西方哲学所持续压制的认知形式:类比。但在克劳迪奥那里,类比的感性充当了一种面相学的本能,每一次都允许他通过相似性,对某一知识领地进行绘图。他为刊物设计的篇目就是一个例子,其中,普劳图斯(Plauto)的《凶宅》(Mostellaria)和五篇《本生经》(Jataka)、拉伯雷和庄子、马塞尔·莫斯和伽利略被出人意料地放到了一起。

在克劳迪奥设想的完全匿名的"批评公报"上,同巨兽们的搏斗成了重头戏,它以拉伯雷为典范,坦率而无任何恶意。我们坚信——我一直都坚信——创造的唯一可能途经了毁灭。应反对一切虚假的博学主义,要把建设性的部分托付给对一部作品的细致评论——卡瓦尔坎蒂(Cavalcanti)的一首诗,斯宾诺莎的一段话,爱斯基摩人的一个故事,比如艾弗莉娜·洛-法尔克(Éveline Lot-Falck)发表的那些令其如此喜爱的故事，其中叙述者最终"吐出"了故事。

克劳迪奥在我们研究的门槛上刻了两句话，一句是瓦莱里的"有限世界的时代开始了"[39]，另一句是莫斯的"甚至为了求知，也必须理解"。我们考虑在论证和比较之后，对各门学科前沿的本质难题进行一番盘点，这有助于我们理解"人"那一现象，甚至第一次像在地图上一样，看清它的总体。而这样的尝试必然包含一种神学——不是作为盘点的一个条目，而不如说是作为地图的一个维度。

面对克劳迪奥打开的前景，我既感受到一笔前所未有的财富，也体会到一种应对它的不可能性。也许，和看似的相反，没落的时代恰恰表现为：可能性相对于实现之能力的过度。

在一张偶然发现的文稿上，记着1978年5月24日的一则笔记："与克劳迪奥的谈话。神性与喜剧。在印欧语系的世界里，神性的每一个领域都是喜剧。所有的希腊神祇都是喜剧演员。印欧语系的神话学是'喜剧学'，但不包括日耳曼元素。在印度-日耳曼语系里（就像德国人说的），'日耳曼'是悲剧，而'印度'是喜剧。由此产生了荷尔德林的

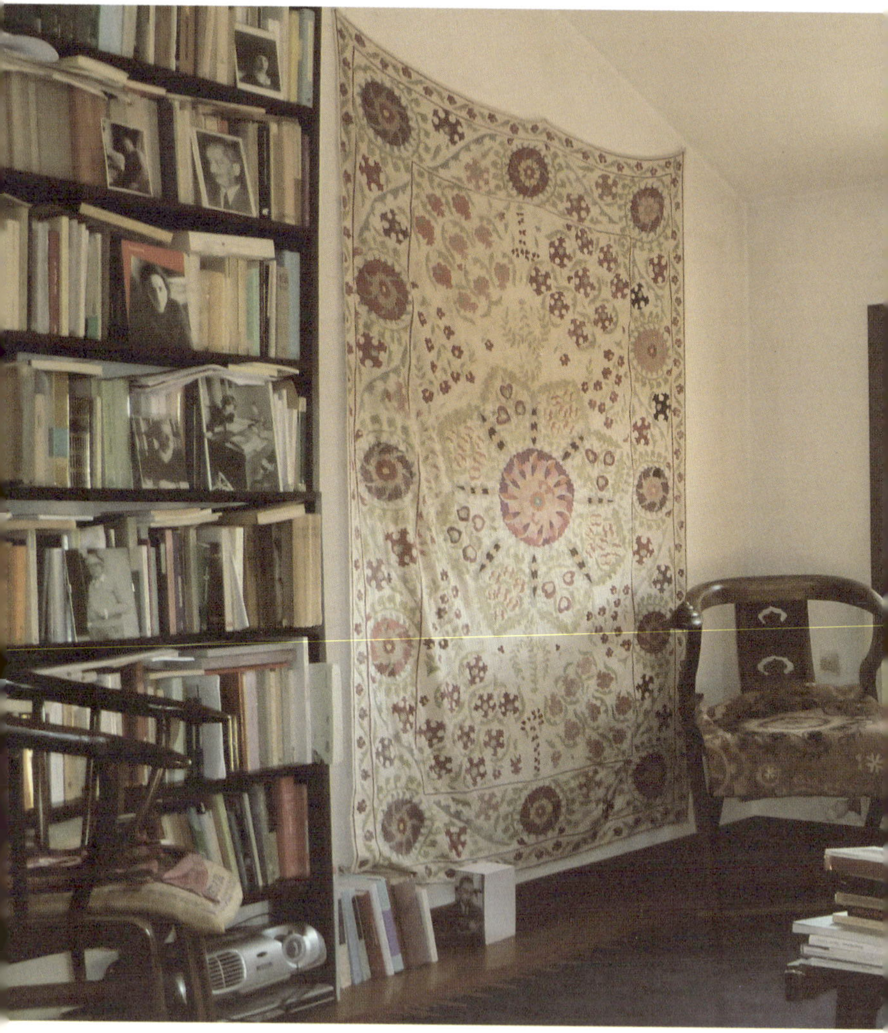

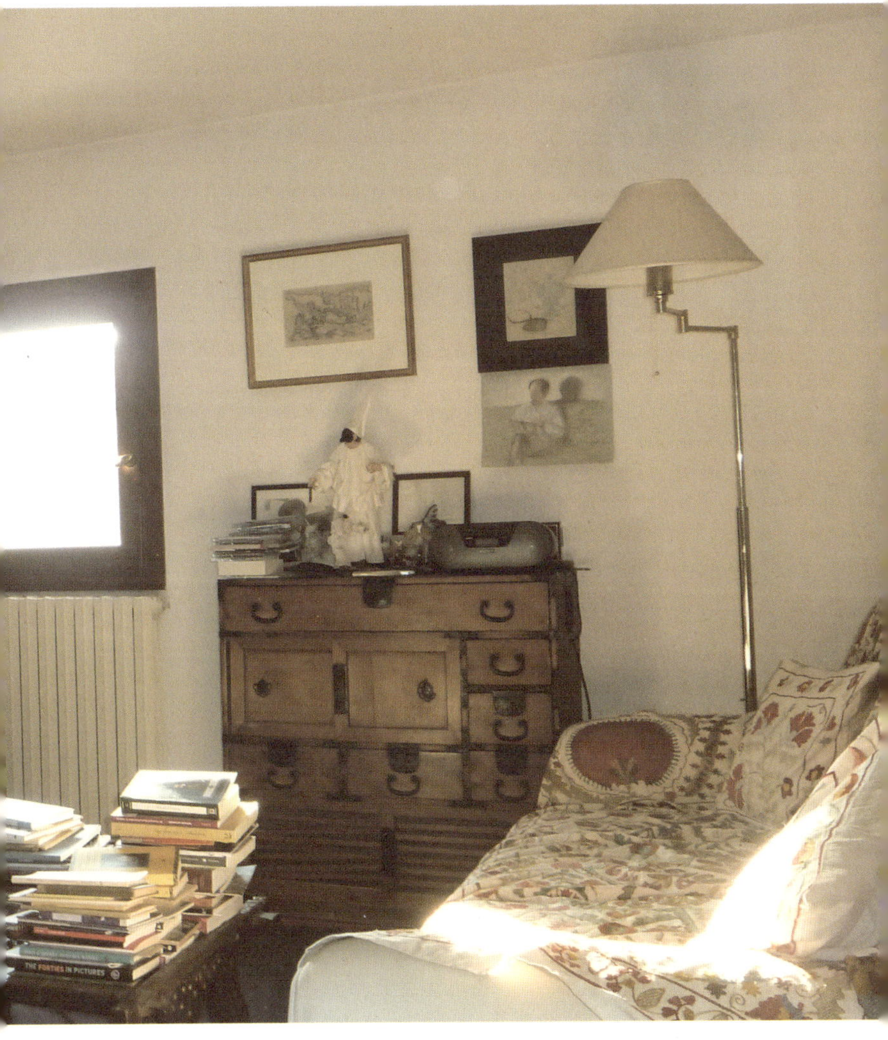
THE FORTIES IN PICTURES

特别处境,他想在一个悲剧的语境里克服悲剧。"如今,我会补充一句:正因如此,荷尔德林对索福克勒斯悲剧的翻译只能让席勒和歌德发笑(我丝毫没有替他们的盲目辩解的意思)。

当我想起朋友和我所爱的人时,我觉得他们都有某种共同的东西,而我只能这样来表达:他们身上不可毁灭的东西是他们的脆弱,是他们遭受毁灭的无限能力。但这或许就是对人,对但丁口中人所是的那"极不稳定的动物"(instabilissimum animal)[40]的最恰当的定义。人的实质仅在于此:能够从变化和毁灭中无限地幸存下来。这样的剩余,这样的脆弱,恰恰是持续保留之物,抵抗着个体生命和集体生命的变迁沉浮。而在衰老变化的人脸上,如此难以认出的秘密相貌,就是这样的剩余。

克劳迪奥也是如此。我曾惊愕地看着他——在我眼里,他是那么地完好无瑕、不问世事——由衷地承担了朱利奥·埃诺迪(Giulio Einaudi)委托给他的"灰衣主教"[41]角色,为的是在朱利奥的出版社遭遇严重危机的时刻,应对后者再也控制不了的专家和顾问的压力。事实上,克劳迪奥的单纯仍然完好,他完全没有意识到:朱利奥在利用他,等时机一到,就会立刻牺牲他，正如后来发生的那样。危机爆发时，身为灰衣主教的克劳迪奥已给自己招来不少仇恨，他第一个倒下，而此前他被阿德尔菲（Adelphi）扫地出门时也是如此：尽管最初——感谢波比·巴兹伦（Bobi Bazlen）——他在阿德尔菲扮演了重要的角色（极其漂亮的"文档"[Fascicoli]丛书，如1967年出版的献给"大游戏"的那两卷，就留有他的印记）。

同克劳迪奥一起讨论我们的刊物计划期间，我为人类一般学科中的伟大代表，记了一系列的肖像笔记，因为我感觉我在我们的谈话里，如做梦一般，隐约地看见了那些人物。众肖像中，只有阿比·瓦尔堡（Aby Warburg）的肖像得以完成；而那些未完成的肖像中，我最关心的当属埃米尔·本维尼斯特（Émile Benveniste），这位语言学家的作品，从我在1970年代初开始阅读起，就不停地陪伴着我。这位极其早熟的天才，二十二岁就结交了超现实主义者，二十五岁又在高等研究实践学院接替了安托万·梅耶（Antoine Meillet）的位置，在他身上，比较语法学达到了一个巅峰，而语言科学和历史研究的范畴似乎就在这顶点处闪烁并汇入了哲学。对他来说，语言不只是一个符号系统或一份清单，罗列着每个物体上所粘的标签：语言总是言语的活生生的练习，它每一次都对某人说出并宣告了某个东西（"语言，"他在法兰西学院的一则笔记里，几乎被迫发明了一些不存在的用词，并写道，"不只是示意的 [signalique]，而且是宣示的 [nuntial]"[42]）。没有什么比他生命末年提出的非凡的陈述理论更能证明言语的这一"宣示性"了：当一个说话者说"我"、"这里"、"现在"时，他并不指涉所陈述的文本，而是指涉宣告的行为本身，甚至指涉发出宣告的那个声音：一个通过有所言说而首先宣告了自身的"天使"或信使。

伊塔洛当时和基基塔（Chichita）及女儿乔万娜（Giovanna）住在夏提龙广场的一间三层小屋里，我们常和吉内芙拉一起去那儿拜访他，克劳迪奥有时也随行。有人把卡尔维诺当作一个理性主义的几何学家，我认为这样的老生常谈应被彻底地纠正。他不如说拥有一种类比想象的非凡形式，只被启蒙的残余所稍稍遮蔽（我想是因为他年轻时当过党内的好斗分子：那是当时意大利想象力最贫瘠的领域）。在我的记忆里，他写《命运交叉的城堡》（*La taverna dei destini incrociati*）和《看不见的城市》（*Le città invisibili*）时醉心于各种组合的实践，它们更多地属于魔法而非理性。按照但丁（他把自己定义为哲学家）以来意大利文学所持续彰显的一个特质，伊塔洛无疑是哲学的外行——但这并未阻止他绝对自由地施展他的类比思想，而他所选的方向，也离我们和克劳迪奥一起尝试测绘的"无名之学"不远。我记得我们在拉斯科的激动之情——我们顺利地组成一个五人小队参观了洞窟——当时我们突然就在大厅里发现自己面对着公牛、野马和牝鹿的神奇队列，而更远处，在好不容易才进入的坑底，我们撞见了被开膛的野牛，还有性器勃起的垂死之人。或许，只有在那些时刻，

当人一下子被带到两万年之前时，人才能理解自己。史前史比历史更真实，因为它不被某一传统遗留给我们，它没有档案，它突然就出现，如同蒙蒂尼亚克少年偶然钻入的拉斯科洞窟。伊塔洛的精神，和克劳迪奥一样，能把其关注的事物从原本的语境中扯出，进而将其置入一种想象的史前史。而只有一种能从历史内部触及这样一个史前史维度的认知才具有勃勃的生机。

克劳迪奥也有他自己的一个榜样或导师：波比·巴兹伦。克劳迪奥曾跟我讲述他同巴兹伦的最后一次相遇，就在后者去世的前一晚，我记得他当时的心情。如同他的导师，克劳迪奥不想留下任何作品或痕迹，哪怕这一做法，就像阿德尔菲对巴兹伦的无礼封圣一样，有朝一日或许会被当成他的作品或痕迹——但如此的痕迹，如同普罗提诺所谓的形式，不过是无形式的印记。或许，这俩人身上都有一种如此极端的脆弱性，出于对自身不得不被否认的恐惧，它拒绝采取任何形式。塞尔吉奥·索尔米（Sergio Solmi）从巴兹伦身上看到的"对可能出现的一切结果的持续回避和反复猜疑"就与那样的脆弱性相一致。

在阿德尔菲出版社成立的那些年里,我只与巴兹伦见过一次面——大概是在1962年。当他询问我的文学喜好时,他一眼就认出了我的星座,令我惊讶不已。但我觉得,害他最深的东西是围绕他打造的——用了解他的蒙塔莱的话说——"几不可信的书界神话"。他既不是禅师,也不是道士,而只是,根据他自己的说法,"一个花大把时间在床上抽烟并读书的正派人"。这也符合克劳迪奥告诉我的信息,即他拒绝例外(也就是拒绝克劳斯、卡夫卡、穆齐尔的世界——看看他为《没有个性的人》[*Uomo senza qualità*] 所写的难以置信、终究消极的读书笔记),并把纯真和人类学作为他的方向。他的好友们可以作证,他特别善解人意,乐于助人。艾尔莎就跟我讲过,她曾在一个悲伤的夜晚产生了自杀的强烈念头,而波比一直在电话里不停地同她说话,直至成功地打消了她的意图。

在我居住的所有房子里,艾尔莎赠予我的一张她自己的——有点老式的——纪念照片一直注视着我。同艾尔莎的相遇和友谊——对一个才踏上路途的懵懂少年来说——堪称一份无与伦比的精神食粮。对于艾尔莎的圈子,你要么迅速进入,要么被无可挽回地赶出。和格奥尔格圈子一样,它不搞什么入教仪式,但它的准入凭证简直神鬼莫测:其成员既包括桑德罗·佩纳和塞萨尔·加博利,也包括一些完全无法形容的少男少女——只要脱俗,即可招入(正如格奥尔格圈子里,美被人欣赏,却并非必需)。在我加入几年后,帕特里齐娅·卡瓦莉(Patrizia Cavalli)和卡洛·切基(Carlo

Cecchi）也进来了，他们变得愈发亲密和执着，而我则慢慢退出。

并不是——就像伊塔洛有天告诉我的那样——只有陷于一种崇拜才能与艾尔莎频繁接触：毋宁说，如果存在崇拜，那么崇拜的对象也不是艾尔莎，而只是一些在她看来地位与她等同或高于她的神灵。在1967年的一首诗《快乐的极少数人和不快乐的大多数人之歌》（La canzone degli F.P. e degli I.M.）里，艾尔莎曾为这些神灵描画了一幅十字形状的圣像屏。

或许，艾尔莎从没有像在这首《歌》里一样凶猛地裸露并反驳自己，同时还表达了她最深刻的思想。因为歌颂"快乐的极少数人"（Felici Pochi）的欢愉，同时也是不停地哀叹其悲惨的尘世命运——比如，西蒙娜·薇依死前所躺的医院病床，兰波被截断的大腿，关押葛兰西的监狱的异常法则。同样，以近乎嘲讽的口吻描写"不快乐的大多数人"（Infelici Molti）的苦闷，也有复调相伴，那就是怀念同"贫穷的大多数人"结下的失落的兄弟情谊。所以，这首《歌》应和兹比格涅夫·赫贝特（Zbigniew Herbert）写斯宾诺莎之诱惑的诗一起被人阅读，那首诗似乎以某种方式做出了秘密的回应。

LA CANZONE DEGLI F.P. E DEGLI I.M.

BENEDICTUS Spinoza

(la festa del tesoro nascosto)

Morto bandito
in età di 45 anni
nel 1677

ANTONIO Gramsci
(la speranza
di una Città reale)
Morto di consunzione
carceraria
in età di 46 anni
nel 1937

SIMONA Weil

(l'intelligenza della santità)

Morta di deperimento
volontario in ospedale
in età di 34 anni
nel 1943

GIORDANO Bruno

(la grande epifania)

Bruciato vivo
in età di 52 anni
nel 1600

ARTURO Rimbaud

(l'avventura sacra)

Morto di cancrena
all'ospedale
in età di 37 anni
nel 1891

**GIOVANNA Tarc
intesa D'Arc**

(i Troni invisibili)

Bruciata viva
in età di 19 anni
nel 1431

VOLFANGO A. Mozart

(la voce)

Morto di tifo
in età di 34 anni
nel 1791
sepolto col funerale
dei poveri

**GIOVANNI Bellini
detto Giambellino**

(la salute dell'occhio,
che illumina il corpo)

Morto di vecchiezza
comune
nel 1516

PLATONE di Atene
(la lettura dei simboli)

Morto di vecchiezza
comune
nel 347 a.C.

**REMBRANDT Harmensz
van Rijn**

(la luce)

Sopravvissuto
ai suoi più cari e
morto in età di 63 anni
nel 1669

斯宾诺莎一心渴望见到上帝，而上帝漫不经心地捋了捋自己的胡须，让哲学家回想他已忘却的人间琐碎的欢乐："——请平息/理性之怒/宝座将从它上面坠落/星辰也会昏暗/——想想吧/会给你生孩子的/女人/——巴鲁赫，你看/我们在谈论伟大之事。"[43] 但在《歌》的高潮处，艾尔莎放弃了称颂和谴责、虚假的欢愉和不实的苦闷，直接抛出她终极的思想宣言，其中，哲学和神学，如在佛教的曼特罗祷文中，彼此崩塌了：

> 但对于所有可读的事物
> 总存在另一种隐藏的解读，
> 如果生者丢失了解读的密码，
> 那么圣典的作者也会，
> 哪怕他叫上帝。其实，生者就是这独一上帝的房子，
> 如果他们关上他们的窗户，房中住客就什么也看
> 　不见。
> 我们必须再次打开我们眼睛的灯光
> 好让他恢复视力。
> 也许

天国并不意味着一个彼岸,甚至不是

他者的领地。也许,天国的如同尘世的

复象能被颠倒地解读为

一个在其自身镜中翻倍的形象。

也许,"回转并变成小孩的样子"[44]教导我们:结
 局的终极智慧

在于和开头相一致。而神秘的三位一体

由那粒种子来解释:在孕育的过程中,它用

其自身贞洁的死亡所持续流出的血孕育了自己。

至于你们的邻人

(我在说你们,写下这些话的半数不快乐的人)你们

能从那人身上自然地认出来:他生

不知是从哪里来,死也不知往哪里去

没人救他于痛苦,也没人免他于死灭:

无论在天国还是尘世,他无父亦无母。

无处为家且独身一人:比起你们

不多,也不少。

在此,洞中的无名氏事实上确信

在那条艰难的戒律"爱他如爱你自己"里

>"如"必须被读作"因为"的同义词。**因为**
>他者——他者们（快乐的极少数人和不快乐的大多
>　数人，智者和能者，狗和蟾蜍，以及别的每一个
>　将死的生命）
>**就是**你自己：不是你的同类或你的同辈或你的同伴
>　或你的兄弟
>而就是同一个
>**你**
>**自己**。[45]

在她献给其神灵的爱中，艾尔莎十分严肃，乃至于显得残忍和悲情，就像一个把虚构作为其特别之居所的人（"我用你，虚构，裹住自己／浮华的礼裙"[46]）才能做到的那样。在此，她对诗歌和美的崇拜与格奥尔格圈子里盛行的崇拜并无不同，并且，她接纳新的神灵——比如，我让她获知的西蒙娜·薇依——就如她把她自己的神灵传授给我们那般，绝对且无保留。

无论是在罗马城外的餐馆（一家名为"埃特雷尼尼"的餐馆格外受她青睐），还是在圣三一教堂的咖啡厅，艾尔莎

a Giorgio
ricordo
di El...

都用她自身的狂热，她自身的激情，向我表明：人们能够在何种程度上无条件地深爱并信仰人与物的这一真理，有时，她只称之为"现实"（我还不安地记得，有天，当我们在她度过其最后时光的那间诊所病房前等候时，莫拉维亚怀着一种天真的盲目向我吐露，艾尔莎从未有过现实的感觉）。

通过艾尔莎，帕特里齐娅在 1970 年或 1971 年进入了我的生命。这事在艾尔莎口中就像一个不得了的发现（"帕特里齐娅就是诗"，她说）。从此，我们不停地见面，先是在我们当时生活的城市——巴黎——然后是在罗马，在蓬扎，在威尼斯，在各个地方。我在别处谈论过她的诗歌，但我仿佛在谈她的生命，谈她如何一直以怠惰而又戏剧化的方式做她自己——这位亚历山大派诗人，不顾一切地投身于客体的傲慢在场，投身于一把不断地是其所是的椅子，投身于一段从床到厨房的令人精疲力竭的路程，投身于每个房间里散布的纱巾与衬衫的坟场。正因如此，她的短诗总以悲叹作结，而她的怨言又每每通向颂歌。她如此固执地坚持"我自己的独一自我"，那其实不是自我，也和任何意识或谋划无关，而更像是一头史前动物的唯一眼睛，它在眼皮的每一次跳动

下遗忘了自己。不过，和艾尔莎一样，这远古的爬行动物充满了好奇，在其所表现的单纯举止中，她会毫不迟疑地提出要求。

有一个夏天，在蓬扎——那是我一直感到快乐的一个地方，那里，如同希克利，某处也藏着我的心——我们午后服用了适量的致幻剂，并伴着幻觉，轻飘飘地在我们海边的房子里闲逛，而突然来访的帕特里齐娅完全搞不懂是什么令我们如此恍惚，同时又如此心满意足。当时，波莉娜（Pauline）也和我们在一起，这位苗条又敏捷的优雅模特，在帕特里齐娅的持续追问下，最终吐露了我们的秘密。然后，我们来到港口吃晚餐，而帕特里齐娅诗意地、好奇地、热切地进入了我们的幻觉，就在那个漫长的夜晚，其中，一切——月亮、蟋蟀的歌声、星辰——都像是第一次出现。

深夜的某一刻，我们踏上了基亚亚迪卢纳海滩，而我清楚地记得，当我着魔般地注视这整片美景时，我觉得只有一样东西能对充斥我感官和精神的绝对至福提出异议，那就是正义——仿佛拍打沙滩的海浪和夜空高处的星星都在顽固地重复这唯一的问题："你合乎正义吗？你合乎正义吗？"

通过艾尔莎，我认识了帕索里尼，他曾委托我在他的影片《马太福音》（*Il Vangelo secondo Matteo*）里饰演使徒腓力的角色。我的角色恰好是腓力，如今看来并不意外，因为当时我已激情翻阅的一部诺斯替福音书正是以他的名义流传下来。"明与暗，生与死，左与右，"他在那部福音书里写道，"如姐妹一般，难分彼此。因此，善非善，恶非恶，生非生，

死非死。"并且:"信在领受,爱在给予。没有信就不能领受,没有爱则无力给予。信是为了领受,爱是为了给予。"还有:"谁说人先死而后复生?活着时没有接受复生的人,死了也得不到什么。"

在这本书中——就像在我的生命中,在所有的生命中——死者与生者共同到场,如此亲近,如此迫切,以至于要说清一者的到场与另一者的到场有何不同并不容易。我认为，死而复生（anastasis nekron）的唯一可能的意义就在于此：正是我们让死者每时每刻复活，我们是亚伯拉罕的怀抱，无需审判，也无需号角，就能让死者不停地重返生命。这不只是记忆的问题：对死者的回忆或甜蜜，或苦涩，却不包含他们的到场，相反，回忆把他们远远地留在了过去。这就是为什么，艾蒂·海勒申想在斯皮尔（Spier）去世时撕碎他的肖像，她希望她与死者之间什么也不留——哪怕是一幅图像，哪怕是一段回忆。在我们心向上帝的永恒瞬间，生者与死者不再有什么区别，我们在他们当中复活，正如他们在我们当中复活。

对某人或某物的爱与信并不意味着把一些教条或学说当成真理加以接受。爱与信不如说是一直忠实于孩童时仰望星空所体会到的那阵激动之情。我无疑就是在这个意义上坚信我在此逐一简略地提及的人与物，我试着不忘记它们，遵守我心照不宣地给出的诺言。但如果我现在不得不说出我最终要把我的希望和我的信仰置于何处，那么我只能小声坦白：不在天上——而在草地里。在草地里——所有形式的草，丛簇的细枝、白三叶、羽扇豆、马齿苋、玻璃苣、雪花莲、蒲公英、半边莲、薄荷,还有野草和荨麻的各类亚种,以及我每日散步的花园里长的那一片高贵的爵床草。草地,草地就是上帝。在草地里——在上帝中——有我爱过的所有人。为了草地,如同草地,在草地里,我活过,并且,我会活下去。

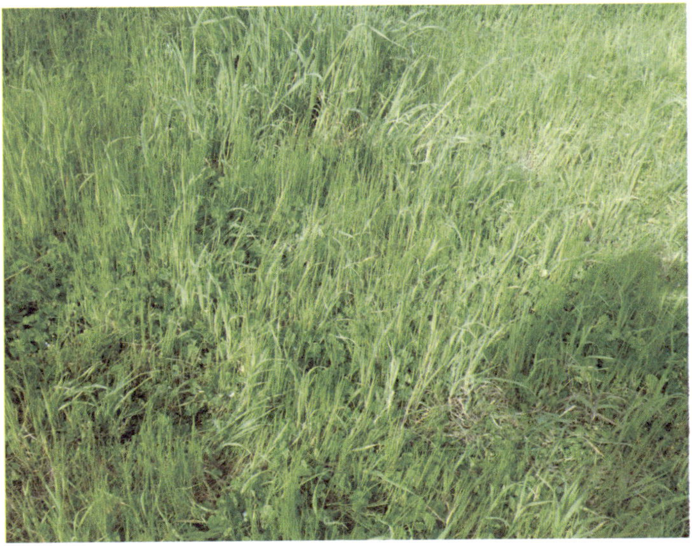

译 注

1 这是对斯宾诺莎的"在某种永恒的视角下"（sub quadam aeternitatis specie）的改写。
2 参见薇依，《扎根：人类责任宣言绪论》，徐卫翔译，北京：生活·读书·新知三联书店，2003，177。
3 参见莫兰特的诗集《不在场证明》（*Alibi*, Milano: Longanesi, 1958）。
4 斯万是普鲁斯特的小说《追忆似水年华》中的人物，吉姆老爷出自康拉德的同名小说。
5 参见克尔凯郭尔，《非此即彼：一个生命的残片》（上卷），京不特译，北京：中国社会科学出版社，2009，13。
6 宗教大法官和伊万·卡拉马佐夫均为陀思妥耶夫斯基的小说《卡拉马佐夫兄弟》里的形象。
7 参见麦尔维尔，《白鲸》，曹庸译，上海：上海译文出版社，1982，767，有改动。
8 麦秆街（rue du Fouarre）是巴黎的一条狭窄老街，在中世纪时，该街有大量学生居住，故得名"学生街"，又因学生上课时坐在铺有麦秆的地面上而被称为"麦秆街"。诗人但丁曾在该街学习，并在《神曲·天国篇》第十章提及了它。
9 出自德波为影片《分离批判》（*Critique de la séparation*）所写的评注。
10 参见德波，《景观社会评论》，梁虹译，桂林：广西师范大学出版社，2007，58，有改动。
11 参见阿甘本，《来临中的共同体》，相明、赵文、王立秋译，西安：西北大学出版社，2019，1-4。
12 参见提昆，《布卢姆理论》（*Théorie du Bloom*, Paris: Fabrique, 2000）。
13 出自巴赫曼的《话与话后话》（Rede und Nachrede）一诗。参见巴赫曼，《巴赫曼作品集》，韩瑞祥选编，北京：人民文学出版社，2006，32。
14 参见里克沃特，《城之理念——有关罗马、意大利及古代世界的城市形态人类学的新描述》，刘东译，北京：中国建筑工业出版社，2006。
15 参见薇依，《论科学》（*Sur la science*, Paris: Gallimard, 1966, 121）。
16 参见薇依，《伦敦笔记》（*Carnet de Londres*），收于《全集》第六卷第四册（*Œuvres complètes*, tome VI, volume 4, Paris: Gallimard, 2006, 381）。

17　参见薇依，《超自然认知》(*La connaissance surnaturelle*)，收于《全集》第六卷第四册（*Œuvres complètes*, tome VI, volume 4, Paris: Gallimard, 2006）。

18　出自柯勒律治的《文学传记》(*Biographia Literaria*)。

19　参见薇依，《伦敦文稿与临终书信》，收于《全集》第五卷第一册（*Œuvres complètes*, tome V, volume 1, Paris: Gallimard, 2019, 216）。

20　参见薇依，《重负与神恩》，顾嘉琛、杜小真译，北京：中国人民大学出版社，2003，143。

21　参见但丁，《神曲·天国篇》，田德望译，北京：人民出版社，2001，1，有改动。

22　参见但丁，《神曲·天国篇》，同前，205，有改动。

23　出自卡洛·贝托奇的《安息日之诗》。

24　参见维特根斯坦，《文化与价值》，涂纪亮译，北京：北京大学出版社，2012，36。

25　出自雅里的《浮士德罗尔博士言行录》(*Gestes et opinions du Docteur Faustroll*)，"关于用来探索时间的机器的实际建造的指导意见"。

26　参见博纳尔，《日复一日：记事本1927—1946》(*Au fil des jours. Agendas 1927-1946*, Paris: L'Atelier contemporain, 2019）。

27　参见本雅明，《莫斯科日记 柏林纪事》，潘小松译，北京：商务印书馆，2012，209，有改动。

28　出自本雅明的《学生生活》(Das Leben der Studenten)。参见本雅明，《本雅明论教育：儿童·青春·教育》，徐维东译，长春：吉林人民出版社，2011，35："如果他还没有发出自己丢失了伟大的东西的感叹，其生活就不可能发生颠覆性的革命。"

29　参见本雅明的《评陀思妥耶夫斯基的〈白痴〉》："可以这样说公爵梅什金，他本人隐退在他的生命之后，就像花朵隐退在它的芬芳之后，星星隐退在它的光芒之后。不朽的生命是不可忘却的，这是我们识别这样的生命的标志。这样的生命没有纪念碑，没有怀念，或许甚至没有证明，却必然是不可忘却的。它不可能被忘却。这样的生命即便无形无状，仍然是不可消逝的。"（本雅明，《经验与贫乏》，王炳均、杨劲译，天津：百花文艺出版社，1999，141。）

30　转引自阿甘本的《科莫雷尔，或论姿势》。参见阿甘本，《潜能》，王立秋、严和来等译，沙明校，桂林：漓江出版社，2014，252。

31　参见阿甘本，《无目的的手段：政治学笔记》，赵文译，郑州：河南大学出版社，2015，80，有改动。

32　参见荷尔德林，《荷尔德林文集》，戴晖译，北京：商务印书馆，2003，263，有改动。

33　参见柏拉图，《柏拉图全集》（第四卷），王晓朝译，北京：人民出版社，2003，96，有改动。

34　出自柏拉图的《法篇》第七卷：817b。参见柏拉图，《柏拉图全集》（第三卷），王晓朝译，北京：人民出版社，2003，576。

35　参见柏拉图，《柏拉图全集》（第四卷），同前，96。

36　出自 1943 年 5 月 16 日与卡尔·泽利希（Carl Seelig）的对话。参见泽利希的《与瓦尔泽一起散步》(*Wanderungen mit Robert Walser*)。

37　出自瓦尔泽的小说《雅考伯·冯·贡滕》(*Jakob von Gunten*)。参见瓦尔泽，《散步》，范捷平译，上海：上海译文出版社，2002，123-124。

38　参见马塞尔·葛兰言，《中国思想》(*La Pensée chinoise*, Paris: Albin Michel, 1968, 280)。

39　参见瓦莱里的《对当前世界的观察》(*Regards sur le monde actuel*, Paris: Librairie Stock, 1931, 35)。

40　参见但丁的《俗语论》(*De vulgari eloquentia*, I, ix, 6)。

41　灰衣主教（éminence grise）原为法国 17 世纪红衣主教黎塞留（Richelieu）的亲信约瑟夫神父（Père Joseph）的绰号，后被用来形容那些没有正式职位，却能对决策产生影响的幕后谋士。

42　参见本维尼斯特的《最后课程》(*Dernières leçons*, Paris: Seuil, 2012, 51)。

43　出自赫贝特的《科吉托先生》(*Pan Cogito*)。参见赫贝特，《赫贝特诗集》，赵刚译，广州：花城出版社，2018，486。

44　出自《新约·马太福音》18：3："我实在告诉你们：你们若不回转，变成小孩子的样式，断不得进天国。"

45　参见莫兰特的诗集《孩子所拯救的世界》(*Il mondo salvato dai ragazzini*, Torino: Einaudi, 1968, 159-160)。

46　出自莫兰特的诗集《不在场证明》。

图片说明

第 2 页　圣保罗区 2366 号的工作室，威尼斯，2007 年。佩德罗·派尚（Pedro Paixão）拍摄。

第 4 页　保罗·高更，《自画像（骷髅地附近）》，1896 年，布面油画，圣保罗艺术博物馆。

第 7 页　圣保罗区的工作室，2016 年。吉奥乔·阿甘本拍摄。

第 8 页　百合巷 2A 号的工作室，罗马，1987 年。吉奥乔·阿甘本拍摄。

第 10 页　圣保罗区的工作室局部，2016 年。吉奥乔·阿甘本拍摄。

第 12 页　马丁·海德格尔与作者，图松，1966 年。弗朗索瓦·费迪耶拍摄。

第 14 页　正在散步的勒托尔研讨班成员，图松，1966 年。弗朗索瓦·费迪耶拍摄。

第 15 页　拉蒙·加亚，《带节拍器的自画像》（*Autorretrato con metrónomo*），1979 年，布面油画，穆尔西亚，拉蒙·加亚美术馆。

第 16 页　马丁·海德格尔给作者的明信片。

第 18 页　马丁·海德格尔与作者及其他人，勒托尔，1968 年。弗朗索瓦·费迪耶拍摄。

第 19 页　马丁·海德格尔给作者的明信片（正面与反面）。

第 20 页　马丁·海德格尔、作者、勒内·夏尔、让·波弗雷与多米尼克·弗尔卡德在球手中间，1966 年。弗朗索瓦·费迪耶拍摄。

第 21 页　作者给乔瓦尼·乌尔巴尼的明信片，勒托尔，1966 年。

第 23 页　阿尔贝托·莫拉维亚、吉内芙拉·邦皮亚尼（Ginevra Bompiani）、作者、琪琪·布兰多利尼（Kiki Brandolini）、乔瓦尼·乌尔巴尼、达基娅·马拉伊尼（Dacia Maraini）、伊拉里娅·奥基尼（Ilaria Occhini）与拉法埃莱·勒·卡普里亚（Raffaele La Capria），1966 年 8 月。

第 25 页　勒托尔研讨班成员，1966 年（左起：多米尼克·弗尔卡德、弗朗索瓦·维赞、吉内芙拉·邦皮亚尼、马丁·海德格尔、让·波弗雷与作者）。弗朗索瓦·费迪耶拍摄。

第 28 页　后排左起：海因里希·布吕赫（Heinrich Blücher）、汉娜·阿伦特、德怀特·麦克唐纳（Dwight McDonald）与格洛丽亚·麦克唐纳（Gloria McDonald）；前排左起：尼古拉·乔洛蒙蒂、玛丽·麦卡锡与罗伯特·洛威尔（Robert Lowell）。纽约，1966 年。

第 33 页　百合巷的工作室，1987 年。吉奥乔·阿甘本拍摄。

第 34 页　赫尔曼·麦尔维的照片。

第 39 页　巴黎穆浮达路"高脚杯"酒吧的广告传单。

第 41 页　蒙泰基亚罗内小村庄，锡耶纳，1980 年。吉奥乔·阿甘本拍摄。

第 44 页　百合巷工作室窗外的景象，1987 年。吉奥乔·阿甘本拍摄。

第 46 页　作者在科佩勒广场 48 号的工作室，罗马，1967 年。吉内芙拉·邦皮亚尼拍摄。

第47页　弗里德里希·荷尔德林,《诗歌与断片写作》封面,托里诺:博林吉耶里,1958年版。

第48页　少女时期的英格褒·巴赫曼。

第51页　罗马地图,科佩勒广场及周边。

第54页　西蒙娜·薇依,《伦敦文稿与临终书信》,巴黎:伽利玛,1957年版。

第57页　何塞·贝尔加明的照片。吉奥乔·阿甘本拍摄。

第58页　《伦敦文稿与临终书信》中带有何塞·贝尔加明旁注的页面。

第60页　何塞·贝尔加明的手稿,1982年。

第61页　何塞·贝尔加明与作者,塞维利亚,1976。吉内芙拉·邦皮亚尼拍摄。

第62页　何塞·贝尔加明与作者,塞维利亚,1976。吉内芙拉·邦皮亚尼拍摄。

第66页　何塞·贝尔加明。吉奥乔·阿甘本拍摄。

第67页　伊莎贝尔·金塔尼利亚、弗朗西斯科·洛佩斯与作者,甘多尔福堡,1962年。

第69页　伊莎贝尔·金塔尼利亚,《浴室》,1968年,布面油画,F.哈维尔·埃洛萨(F. Javier Elorza)收藏。

第70页　弗朗西斯科·洛佩斯,《带柑橘的静物》,1973年,陶瓦,汉堡,布罗克施泰特画廊。

第 71 页　作者在多尔索杜罗区 2763 号的"贵族小馆"公寓，威尼斯，1996 年。马里奥·唐代罗拍摄。

第 72 页　玛蒂娜。

第 73 页　"贵族小馆"，威尼斯。

第 74 页　《蜗牛背上的狂暴爱神》，版画，法国国家图书馆，巴黎。

第 77 页　提香·韦切利奥，《被剥皮的玛息阿》，1570—1576 年，布面油画，克罗梅日什主教美术馆。

第 78 页　阿维格多·阿利卡，《两块石头》（*Due pietre*），1977 年，纸上水彩，私人收藏。

第 79 页　索尼亚·阿尔瓦雷斯，《床单与毯子》（*Copriletto e coperta*），2009 年，布面油画，私人收藏。

第 80 页　莫妮卡·费兰多，《科莱》（*Kore*），2000 年，尼泊尔纸上石墨，私人收藏。

第 82 页　百合巷工作室局部，1987 年。吉奥乔·阿甘本拍摄。

第 83 页　作者的笔记。吉奥乔·阿甘本拍摄。

第 84 页　圣保罗区的工作室局部，2007 年。佩德罗·派尚拍摄。

第 86 页　吉奥乔·卡普罗尼的《回归》原稿，1978 年。

第 90-91 页　圣保罗区的工作室局部，2016 年。吉奥乔·阿甘本拍摄。

第 95 页　阿尔弗雷德·雅里的明信片，1907 年。佩德罗·派尚拍摄。

第96页　阿尔弗雷德·雅里的照片。

第99页　勒内·克雷维尔，《你疯了吗？》封面，巴黎：伽利玛，1929年版。

第100页　勒内·克雷维尔，《你疯了吗？》内文。

第101页　《愚比老爹》，皮埃尔·博纳尔的石版画，出自安布鲁瓦兹·沃拉尔的《愚比老爹住院》（*Le père Ubu à l'hôpital*），巴黎，1918年。

第102页　《愚比老爹》，皮埃尔·博纳尔的石版画，出自安布鲁瓦兹·沃拉尔的《愚比老爹住院》（*Le père Ubu à l'hôpital*），巴黎，1918年。

第104页　让-吕克·南希与埃莱娜·南希（Hélène Nancy）及作者在乡间，锡耶纳（1980年代末）。吉内芙拉·邦皮亚尼拍摄。

第105页　瓦尔特·本雅明关于一个梦的手稿。

第107页　弗里德里希·海因勒的诗歌（卡拉·塞利格森手抄）。

第109页　海伦·赫塞尔在巴黎的照片，约1929年。

第110页　迪斯科波利村，卡普里岛，1981年。吉奥乔·阿甘本拍摄。

第111页　让·塞尔兹及其妻子居耶（Guyet）与本雅明在伊维萨岛，1933年。

第112页　瓦尔特·本雅明在巴黎的最后住址，东巴勒街10号。吉奥乔·阿甘本拍摄。

第114页　（上）瓦尔特·本雅明在让·瓦尔来信背面的笔记手稿。

第114页　（下）让·瓦尔致瓦尔特·本雅明的书信片段。

第 116 页　瓦尔特·本雅明的手写笔记。

第 118 页　斯特凡·格奥尔格、克劳斯·冯·施陶芬柏格与贝特霍尔德·冯·施陶芬柏格（Berthold von Stauffenberg），柏林，1924 年。

第 119 页　马克斯·科莫雷尔，《诗人作为德国古典文学中的领袖》封面，柏林：邦迪，1928 年版。

第 121 页　布鲁诺·莱昂内的皮韦塔。

第 122 页　诺伯特·冯·海林格拉特与他的未婚妻伊玛·冯·厄棱费尔（Imma von Ehrenfels），摩纳哥，1915 年。

第 126 页　吉奥乔·帕斯夸里。

第 130 页　百合巷工作室局部，1987 年。吉奥乔·阿甘本拍摄。

第 132 页　科西尼大街 14A 号的工作室局部，罗马，2016 年。吉奥乔·阿甘本拍摄。

第 133 页　圣保罗区的工作室局部，2015 年。吉奥乔·阿甘本拍摄。

第 134 页　比安卡·卡萨莉妮·阿甘本（Bianca Casalini Agamben）。

第 139 页　作者与玛蕾萨·斯科达尼比欧在墨西哥，1995 年 11 月。斯特凡诺·斯科达尼比欧拍摄。

第 140 页　桑德罗·M. 笔记的一页。

第 142 页　圣保罗区工作室的书架局部。吉奥乔·阿甘本拍摄。

第 143 页　歌手恩里克·蒙特斯与皮耶斯·德·普洛莫（中），塞维利亚，1992 年。

第 144 页　吉奥乔·科利。马里奥·卡佩莱蒂（Mario Cappelletti）拍摄。

第 147 页　《咪咪小姐的字母表》（*Alfabeto della signorina Mimí*）插图，米兰：隆巴尔德，1877 年版。

第 148 页　萨比诺·普罗费蒂为托马索·兰多尔菲的《不幸的王子》所配插图，佛罗伦萨：瓦莱基，1943 年版。

第 151 页　一本希腊语识字读物的插图。

第 152 页　萨比诺·普罗费蒂为托马索·兰多尔菲的《不幸的王子》所配插图。

第 154 页　（上）罗伯特·瓦尔泽在黑里绍的照片。卡尔·泽利希拍摄。

第 154 页　（下）约翰·格奥尔格·施莱纳（Johann George Schreiner），《图宾根塔楼里的弗里德里希·荷尔德林》（*Friedrich Hölderlin nella torre di Tubinga*），1823 年，铅笔素描。

第 157 页　卡尔·瓦尔泽（Karl Walser）为罗伯特·瓦尔泽的《诗集》（*Gedichte*）所配插图，柏林：B. 卡西尔，1918 年版。

第 161 页　吉内芙拉与克劳迪奥·鲁加菲奥里在莱里奇，1973 年 9 月。吉奥乔·阿甘本拍摄。

第 162 页　克劳迪奥·鲁加菲奥里为我们的刊物计划所写的打印文稿。

第 166-167 页　圣保罗区的工作室局部，2016 年。吉奥乔·阿甘本拍摄。

第 171 页　拉斯科洞窟壁画局部。

第 173 页　左起：波比·巴兹伦、宝拉·奥利韦蒂（Paola Olivetti）、弗拉维娅·科拉奇基（Flavia Colacicchi）、乔瓦尼·科拉奇基（Giovanni Colacicchi）、埃乌杰尼奥·蒙塔莱（Eugenio Montale）、艾尔莎·莫兰特与一位朋友在马尔米堡，1941 年。

第 176 页　艾尔莎·莫兰特的《快乐的极少数人和不快乐的大多数人之歌》中的一页，1968 年。

第 180 页　艾尔莎·莫兰特（1940 年代）。巴尔赞蒂（Barzanti）拍摄。

第 182 页　作者与帕特里齐娅·卡瓦莉，1984 年。

第 183 页　维蒂耶洛餐厅的名片，蓬扎。

第 184 页　皮埃尔·保罗·帕索里尼、恩里克·伊拉佐奎（Enrique Irazoqui）、贾科莫·莫兰特（Giacomo Morante）与作者在《马太福音》的拍摄现场，1964 年。

第 187 页　草地。吉奥乔·阿甘本拍摄。

图书在版编目（CIP）数据

工作室里的自画像/（意）吉奥乔·阿甘本著；尉光吉译.--武汉：长江文艺出版社，2023.4
（拜德雅·人文丛书）
ISBN 978-7-5702-3025-9

I.①工… II.①吉… ②尉… III.①阿甘本－思想评论 IV.①B546

中国国家版本馆 CIP 数据核字（2023）第 031708 号

拜德雅·人文丛书

工作室里的自画像
GONGZUOSHI LI DE ZIHUAXIANG
［意］吉奥乔·阿甘本 著
尉光吉 译

特约策划：拜德雅	特约编辑：马佳琪
责任编辑：程 婕 王洪智	责任校对：张 晗
书籍设计：左 旋	责任印制：李雨萌

出版：长江出版传媒 ｜ 长江文艺出版社
地址：武汉市雄楚大街 268 号　　邮编：430070
发行：长江文艺出版社
http://www.cjlap.com
印刷：湖北新华印务有限公司

开本：1092mm×787mm　1/32　　印张：6.875
版次：2023 年 4 月第 1 版　　2023 年 4 月第 1 次印刷
字数：108 千字

定价：68.00 元

版权所有，盗版必究（举报电话：023—67967403）
（图书出现印装问题，本社负责调换）

Autoritratto nello studio, by Giorgio Agamben, ISBN: 9788874526673

Copyright © 2017 nottetempo srl

Simplified Chinese translation copyright
© 2022 by Chongqing Yuanyang Culture & Press Ltd.

All rights reserved.

版贸核渝字（2017）第 226 号

○ ○ ● **拜德雅**
● ● ● *Paideia*
○ ● **人文丛书**

（已出书目）

语言的圣礼：誓言考古学（"神圣人"系列二之三）	［意］吉奥乔·阿甘本 著
宁芙	［意］吉奥乔·阿甘本 著
奇遇	［意］吉奥乔·阿甘本 著
普尔奇内拉或献给孩童的嬉游曲	［意］吉奥乔·阿甘本 著
品味	［意］吉奥乔·阿甘本 著
什么是哲学？	［意］吉奥乔·阿甘本 著
什么是真实？物理天才马约拉纳的失踪	［意］吉奥乔·阿甘本 著
业：简论行动、过错和姿势	［意］吉奥乔·阿甘本 著
工作室里的自画像	［意］吉奥乔·阿甘本 著
海德格尔：纳粹主义、女人和哲学	［法］阿兰·巴迪欧 &［法］芭芭拉·卡桑 著
苏格拉底的第二次审判	［法］阿兰·巴迪欧 著
追寻消失的真实	［法］阿兰·巴迪欧 著
不可言明的共通体	［法］莫里斯·布朗肖 著
什么是批判？自我的文化：福柯的两次演讲及问答录	［法］米歇尔·福柯 著
自我解释学的起源：福柯 1980 年在达特茅斯学院的演讲	［法］米歇尔·福柯 著
自我坦白：福柯 1982 年在多伦多大学维多利亚学院的演讲	［法］米歇尔·福柯 著
铃与哨：更思辨的实在论	［美］格拉汉姆·哈曼 著
迈向思辨实在论：论文与讲座	［美］格拉汉姆·哈曼 著
福柯的最后一课：关于新自由主义，理论和政治	［法］乔弗鲁瓦·德·拉加斯纳里 著
非人：漫谈时间	［法］让－弗朗索瓦·利奥塔 著
异识	［法］让－弗朗索瓦·利奥塔 著
从康吉莱姆到福柯：规范的力量	［法］皮埃尔·马舍雷 著

艺术与诸众：论艺术的九封信	[意]安东尼奥·奈格里 著
批评的功能	[英]特里·伊格尔顿 著
走出黑暗：写给《索尔之子》	[法]乔治·迪迪-于贝尔曼 著
时间与他者	[法]伊曼努尔·列维纳斯 著
声音中的另一种语言	[法]伊夫·博纳富瓦 著
风险社会学	[德]尼克拉斯·卢曼 著
动物与人二讲	[法]吉尔伯托·西蒙东 著
非政治的范畴	[意]罗伯托·埃斯波西托 著
临界：鲍德里亚访谈录	[法]让·鲍德里亚&[法]菲利普·帕蒂 著
"绝对"的制图学：图绘资本主义	[英]阿尔伯特·托斯卡诺&[美]杰夫·金科 著
社会学的问题	[法]皮埃尔·布迪厄 著
读我的欲望！拉康与历史主义者的对抗	[美]琼·柯普洁 著
虚无的解缚：启蒙与灭尽	[英]雷·布拉西耶 著
我们从未现代过：对称性人类学论集	[法]布鲁诺·拉图尔 著
我们自身的外人	[法]朱丽娅·克里斯蒂娃 著
文艺复兴时期的自我塑造：从莫尔到莎士比亚	[美]斯蒂芬·格林布拉特 著